公共图书馆管理工作与创新

李富军◎著

线装书局

图书在版编目（CIP）数据

公共图书馆管理工作与创新 / 李富军著. -- 北京：线装书局, 2023.9
　ISBN 978-7-5120-5578-0

Ⅰ. ①公… Ⅱ. ①李… Ⅲ. ①公共图书馆－图书馆工作－研究 Ⅳ. ①G258.2

中国国家版本馆CIP数据核字(2023)第143299号

公共图书馆管理工作与创新
GONGGONG TUSHUGUAN GUANLI GONGZUO YU CHUANGXIN

作　　者	李富军
责任编辑	白　晨
出版发行	线装书局
地　　址	北京市丰台区方庄日月天地大厦B座17层（100078）
电　　话	010-58077126（发行部）010-58076938（总编室）
网　　址	www.zgxzsj.com
经　　销	新华书店
印　　制	三河市腾飞印务有限公司
开　　本	787mm×1092mm　　　1/16
印　　张	9
字　　数	196千字
印　　次	2024年7月第1版第1次印刷

定　　价：68.00元

前　言

在知识经济时代，图书馆作为知识和资源的宝库，即面临着创新发展的机遇，同时也面对各种挑战。为解决现代图书馆管理工作的不足，本色立足于实际，了解现代图书馆管理工作产生的变化，以及以往管理实践存在的问题，积极探索解决的措施，并提出管理工作创新实践的对策，以期为图书馆管理工作者提供新的思路，促进现代图书馆管理质量的显著提升。

本书的章节布局，共分为六章。第一章主要对图书馆管理概念的相关研究、图书馆管理原理的相关研究和我国现代公共图书馆管理体系建设研究相关知识展开论述；第二章分别从图书馆人力资源管理的实施、图书馆财力资源管理的实施以及图书馆知识管理的实施相关知识进行了概括讲解；第三章主要对现代公共图书馆管理体系的建设研究、现代公共图书馆行政管理体系的研究、现代公共图书馆服务管理体系的研究进行简要阐述；第四章主要对现代公共图书馆服务的理念、公共图书馆服务的对象及其需求、现代公共图书馆服务的转型、公共图书馆服务共享进行简要阐述；第五章主要针对公共图书馆读者服务的内涵、公共图书馆的基本服务公共图书馆的服务标准相关知识进行了概括讲解；第六章主要介绍了图书馆读者服务工作影响因素及对策、图书馆拓展读者服务工作的新领域、基于微博的图书馆读者服务策略、图书馆读者服务中读者意见的处理机制进行简要阐述。

本书在撰写过程中，参考、借鉴了大量著作与部分学者的理论研究成果，在此一一表示感谢。由于作者精力有限，加之行文仓促，书中难免存在疏漏与不足之处，望各位专家学者与广大读者批评指正，以使本书更加完善。

编委会

李富军　马博宇

目 录

第一章 公共图书馆管理的基础理论 (1)
    第一节 图书馆管理概念的相关研究 (1)
    第二节 图书馆管理原理的相关研究 (7)
    第三节 我国现代公共图书馆管理体系建设研究 (17)

第二章 公共图书馆管理的实施 (24)
    第一节 图书馆人力资源管理的实施 (24)
    第二节 图书馆财力资源管理的实施 (34)
    第三节 图书馆知识管理的实施 (43)

第三章 现代公共图书管管理体系构建 (56)
    第一节 现代公共图书馆管理体系的建设研究 (56)
    第二节 现代公共图书馆行政管理体系的研究 (70)
    第三节 现代公共图书馆服务管理体系的研究 (77)

第四章 公共图书馆读者服务及其创新发展 (85)
    第一节 现代公共图书馆服务的理念 (85)
    第二节 公共图书馆服务的对象及其需求 (89)
    第三节 现代公共图书馆服务的转型 (92)
    第四节 公共图书馆服务共享 (95)

第五章 公共图书馆读者服务的基本要求 (100)
    第一节 公共图书馆读者服务的内涵 (100)
    第二节 公共图书馆的基本服务 (103)
    第三节 公共图书馆的服务标准 (109)

第六章 新时期公共图书馆读者服务工作的开展 (113)
    第一节 图书馆读者服务工作影响因素及对策 (113)
    第二节 图书馆拓展读者服务工作的新领域 (117)
    第三节 基于微博的图书馆读者服务策略 (122)
    第四节 图书馆读者服务中读者意见的处理机制 (127)

参考文献 (131)

第一章 公共图书馆管理的基础理论

第一节 图书馆管理概念的相关研究

一、图书馆管理的内涵

什么是图书馆管理？怎样给图书馆管理下一个科学的定义？

我国许多学者都给图书馆管理下了定义，下面我们列举一些有代表性的定义。

郭星寿认为："所谓图书馆管理，就是遵循图书馆工作的规律，依据管理工作的内容与程序，在图书馆系统最优化的条件下，充分利用其资源，以有效地实现其社会职能的一系列有组织的活动。"

于鸣镝认为："应用现代科学的理论与方法，遵照图书馆工作和事业的固有规律，合理地组织和最大限度地发挥图书馆的人力、物力、财力等各种资源的作用，以便达到预定目标的决策过程。这就是图书馆的科学管理。"

鲍林涛主编的《图书馆管理学》指出，"图书馆科学管理就是通过计划、组织、指挥、协调和控制等行动，按照图书馆事业和工作的发展规律，最合理地使用图书馆的人力、财力、物质资源，使之发挥最大的作用，以达到图书馆预期的目标，圆满地完成图书馆任务。"

应该说，上述几种定义虽然表述方式不同，但并无实质性差别。它们或多或少是通过涵盖图书馆工作的客观规律、图书馆职能、图书馆资源、图书馆目标等要素来定义图书馆管理，都承认图书馆管理是一种活动或过程。我们不能说哪一种定义是完全正确的，因为每种定义都有自己的侧重点或视角。

在吸取上述定义之精华的基础上，我们可以给图书馆管理下一个定义：图书馆管理是引导人力资源、财力资源、信息资源和物质资源进入动态的图书馆以达到图书馆的目标，即使其服务对象——读者获得满意，并且使服务的提供者——馆员亦获得成就感的活动。

这是一个关于图书馆管理的综合性定义。让我们来分析一下这个定义：图书馆管理包含对人力资源、财力资源、信息资源和物质资源的引导。图书馆管理者必须平衡四者之间的关系，不能厚此薄彼。

图书馆的动态性在这个定义中得到了体现。图书馆的运营是处在变化的环境之中，因为信息技术在变化，读者在变化，信息产品和信息服务在变化，馆员也在变化。因而，图书馆也必须变化。那些随时准备适应环境变化的图书馆被称为动态图书馆，正如在定义中所阐述的那样，图书馆管理涉及将人力资源、财力资源、信息资源和物质资源引导进入一个动态图书馆中去。

达到目标是这一定义不可分割的组成部分，没有目标就没有图书馆或丧失图书馆存在的意义。衡量达到图书馆目标的绩效度量是其所服务对象的满意程度。读者是图书馆服务的对象，对于成功的图书馆管理需要注重的是读者的满意程度。一些图书馆对读者持一种消极的态度，从长远的观点看，这种态度会使图书馆步入困境。

不论一个图书馆是处在一种高度竞争的环境中还是处在一种非高度竞争的环境中，所关注的焦点都应当是读者的满意程度。因此，图书馆管理就是为了达到使读者满意的目的，而将人力资源、财力资源、信息资源和物质资源引入到动态图书馆中。

定义中的最后一个部分是关于图书馆员对成就感的阐述。而这种成就感是因馆员提供信息服务而获得的，馆员从工作中所获得的成就感和满意程度对图书馆达到目标以及为读者提供满意的服务具有很大的影响。

二、图书馆管理的特点

作为一种特殊的社会实践活动，图书馆管理具有一般社会实践所共有的客观性、能动性和社会历史性等特性，不过这些特性在图书馆管理中有具体地表现形式。整个实践的特性对于不同的实践活动来说是一种共性，而具有这种共性的各种实践活动又表现出不同的特性。图书馆管理具有以下几个主要特征。

（一）综合性

所谓图书馆管理的综合性，从空间来说，它贯穿于图书馆活动中，存在于图书馆活动的各个方面和领域，有图书馆活动的地方，就有图书馆管理存在。在中国商代，不仅有藏书之所、掌书之人，而且有管书之法。商代设史官掌管藏书，虽然这一时期尚未形成书籍分类和编目体例，但对藏书的管理已存在一定之法。

随着信息技术的发展，图书馆的形态可能会发生一些变化。但我们认为，只要还存在图书馆活动，不管其形式如何，仍然离不开管理。因此，在图书馆发展的长河中，管理是无处不在、无时不有的一种社会活动，它在图书馆系统中横贯各个层次，具有综合性。

（二）依附性

图书馆管理者必须依附于一定的图书馆业务工作，它的实际内容和具体形式离开了其他的业务活动就不能单独存在，图书馆管理总是对某种业务活动（文献采选、分类编目、书刊借阅、参考咨询、文献检索、情报研究等）的管理。

图书馆管理的这种依附性主要表现在：图书馆管理的目标必须依托于具体的业务活动才能实现，图书馆管理的过程总是伴随着其他业务活动的进行而展开，图书馆管理的结果则总是融合在其他业务活动的成果之中。也就是说，图书馆管理必须以其他某一种、某几种或全部业务活动作为自己的"载体"。

（三）协调性

所谓协调性，是指调节和改造各种管理对象之间的关系，使它们能相互适应，按照事物自身固有的规律性在整体上处于最佳的功能状态。

图书馆管理是一种柔性的社会活动，图书馆管理者一般并不直接从事信息产品的生产或信息服务活动，他们主要是通过协调各种业务活动的内外关系，特别是馆员之间的关系，以及馆员和读者之间的关系，使各种要素、各个环节在共同目标——最有效地满足读者的信息需求，在它的指引下，消除彼此在方法、时间、力量和利益上存在的分歧和冲突，统一步调，使图书馆的各种业务活动实现和谐运转，结合成一个有机的整体。

（四）组织性

图书馆管理的组织性，一方面指的是图书馆管理活动总是通过一定的组织（如学校图书馆、科学图书馆、企业图书馆、公共图书馆、工会图书馆等）进行的，这种组织是由进行管理活动的人所组成的一个有序结构。组织既是管理的主体，因而图书馆管理是由一定的组织机构（即特定的图书馆）去进行的。同时，组织又是管理的对象，因为图书馆管理都是对一定组织（即特定的图书馆）的管理，孤立的个人，离开了一定组织的人，是无所谓图书馆管理的。另一方面，图书馆管理活动本身就是一种组织活动，这种组织活动将分散的资源如人力、物力、财力、信息等资源组合起来，形成一个稳定的，能够不断根据客观环境的变化而进行调整的物质和社会双重结构的过程。

这种组织过程既把各种离散的、无序的事物结合成一个相互联系、相互制约的管理组织系统，这是图书馆管理活动得以进行的物质和社会实体。同时又能不断地根据变化的外部和内部情况，对管理活动的各种要素之间的关系进行调整，以寻求相适应的最佳物质与社会的匹配关系，使图书馆系统朝着管理的目标运动。

（五）变革性

管理在本质上是变革活动，是使人获得真正自由的活动。"管理的特点就是变革——迅速地、不断的、根本的变革。唯一不变的事就是变革"。图书馆管理也不例外。从现象上看，图书馆管理有保守的一面，它要维持图书馆系统一定程度的稳定，要用一定的原则、规章制度约束图书馆的成员。

图书馆管理的变革性是由图书馆本身的运动决定的，具有客观性。图书馆管理的变革性更重要地表现为其发展演化。图书馆管理是一种主观见之于客观的活动。它不仅要反映图书馆的变化，还要反映图书馆现时的变化；不仅要反映图书馆变化的趋势，还要反映趋势的转变。这只有通过科学预测、设立目标、制订计划、完善组织、实施控制等一系列动态管理活动反复循环才能实现。

（六）科学性

图书馆管理的动态特性并不意味着图书馆管理没有规律可循。尽管图书馆管理是动态的，但还是可以将其分成两大类：一是程序性活动。二是非程序性活动。

所谓程序性活动，就是指有章可循。照章运作便可取得预想效果的管理活动，如制定读者服务工作中的各种规章制度，制定人员管理工作中的录用、奖惩、培训等方面的条例，制定行政管理的各种规章制度，制定后勤管理的各种规章制度，等。

所谓非程序性活动，就是指无章可循。需要边运作边探讨的管理活动，如建造新馆、建设图书馆自动化系统、图书馆组织机构的调整、复合图书馆的设计等。

这两类活动虽然不同，但又是可以转化的。实际上现实的程序性活动就是以前的非程序性活动转化而来的，这种转化的过程是人们对这类活动与管理对象规律性和科学性图书馆管理的科学性在这里得到了很好的体现。

此外，对新管理对象所采取的非程序性活动只能依据过去的科学结论进行，否则，对这些对象的管理便失去了可靠性，而这本身也体现了图书馆管理的科学性。

（七）艺术性

由于图书馆管理对象分别处于不同系统（如科学院系统、文化系统、教育系统、工商企业系统等）、不同部门（如采访部、编目部、流通阅览部、典藏部、参考咨询部、研究辅导部、信息技术部、特藏部等）、不同环节（如出纳台借还、书库整理）、不同的资源供给条件等环境中，这就导致了对每一个具体管理对象的管理没有一个有章可循的模式，特别是对那些非程序性的、全新的管理对象更是如此。因此，图书馆具体管理活动的成效与管理主体管理技巧的娴熟程度密切相关。

事实上，管理主体对管理技巧的运用与发挥，体现了管理主体设计和操作管理活动的艺术性。一方面，由于在达成图书馆资源有效配置的目标与现行责任的过程中，可供选择的管理方式、手段多种多样。另一方面，如何在众多可供选择的管理方式中选择一种合适的用于现实的图书馆管理之中，也是管理主体进行管理的一种艺术性技能。

（八）经济性

众所周知，图书馆存在着以资源稀缺性为核心的经济问题，如社会对图书馆的投资应该达到什么样的水平才能充分发挥图书馆的各项社会功能？为了节约社会投资，提高图书馆的投资效益，对图书馆的社会投资应如何分配给各种不同类型的图书馆才能使图书馆资源达到合理配置？怎样选购和组织藏书才能使有限的购书经费发挥最大的效益？

要有效地解决上述问题，就必须对图书馆的人力、物力、财力、信息等资源进行配置。而资源配置是需要成本的，因此管理就具有以下三种经济特性：一是图书馆管理的经济性反映在图书馆资源配置的机会成本上。管理者选择一种资源配置方式是以放弃另一种资源配置方式为代价而取得的，这里有机会成本的问题。二是图书馆管理的经济性反映在管理方式方法选择上的成本比较。在众多可帮助进行资源配置的方式方法中，因成本不同，如何选择就有经济性的问题。三是图书馆管理是对资源有效整合的过程。因此选择不同资源供给和配比，就有成本大小的问题，这是经济性的另一种表现。

三、图书馆管理的职能

图书馆管理的职能分为一般的和专门的两种。一般职能是各种类型图书馆的领导人员应履行的职责，包括计划、公务和劳动的组织、各部联合活动的协调和协作、干部的教育、统计和监督。专门职能又分为两种具体职责：一种职责是属于所有大型图书馆和中心图书馆系统的，包括：负责方法工作、制定各种组织、工艺流程和说明性文件，以提高工作的专业水平和巩固工艺流程的纪律，推广先进经验，提高业务水平；另一种职责仅仅属于各个独立的图书馆，具体包括：挑选和分配干部、图书馆的业务和技术服务、行政总务和财务活动、负责公文处理。

于鸣镐认为："图书馆科学管理的程序包括：决策、计划、组织、指挥、控制和协调。"

黄宗忠指出，"管理的职能可以理解为管理系统所具有的功能和职责，图书馆管理的职能主要有：决策、计划、组织、用人、指挥、控制、协调、信息沟通、教育激励和挖潜创新。"

潘寅生认为："图书馆管理职能主要有：决策、计划、组织、指挥、控制和协调六项。"

就目前来看，图书馆管理的职能主要有下列五项：计划、组织、领导、控制和评价。

第一，计划职能，计划是指对未来的行动以及未来资源供给与使用的筹划。计划指导着一个图书馆系统循序渐进地去实现目标，计划的目的就是要使图书馆适应变化中的信息环境，并使图书馆占据更有利的信息环境地位，甚至进入一个完全不同的信息环境。计划在图书馆中可以成为一种体系并有内在的层级，如战略计划是高层次的、总的长远计划，职能计划与部门工作计划则是中层的操作性较强的计划，而下级的工作计划则为近期的具体计划。从计划的定义、目标及其功能来看，计划无非是一种降低图书馆在资源配置过程中的不确定性的一种手段。

计划职能涉及如下因素：有助于达到目标的政策、管理人员将要实施的项目、管理人员将会采用的过程、管理人员必须按时完成的时刻表、将会涉及的预算方面的因素考虑。

第二，组织职能，组织是管理者建立一个工作关系构架从而使图书馆成员得以共同工作来实现图书馆目标的过程。组织的结果是组织结构的产生，即一种正式的任务系统和汇报关系系统。通过这种系统，管理者能够协调和激励图书馆成员努力实现图书馆的目标。

组织结构决定了图书馆能在多大程度上很好地利用其资源创造信息产品和提供信息服务。组织职能包含的要素如下：将图书馆各项业务活动进行合理的组织，使之具有一定功能和位置；为了有效地发挥其职能，管理人员必须进行一定的授权；管理人员必须在其下级之间建立关系和联系，使这些下级能够相互提供完成工作所必需的信息；管理人员必须仔细检查自己所在部门与其他部之间的关系及其对图书馆经营运作的影响。

第三，领导职能，领导就是管理者利用权力、影响、愿景、说服力和沟通等技能来协调个体和全体的行为，从而使他们的努力能够得到充分的展现和利用。领导所产生的效果就是图书馆成员所表现出来的高度积极性和对图书馆的承诺。

领导职能涉及以下方面的功能：及时根据外界环境的变化，指示图书馆内成员与资源配合去适应环境并采取适当的行为；调动图书馆内成员的积极性，激励他们奋发努力，给他们创造发展的机会；有效地协调图书馆内的人际关系，使图书馆内有一个良好的工作氛围，从而降低内耗；督促图书馆内成员按照既定的目标与计划做好自己专职范围的工作。

第四，控制职能，控制是指根据既定目标不断跟踪和修正所采取的行为，使之朝着既定目标方向运作并实现预想的结果或业绩。由于现实行为往往会受各种不确定性因素的影响，故每一种行为都有可能偏离预定要求，从而可能使既定目标或业绩难以达成，显然这是图书馆所不愿看到的。为了防范这种状况的产生，控制就非常必要。

通过实施控制这一职能，管理人员能够做到在图书馆偏离目标太远之前就将其纳入正确的轨道之内。控制职能包括以下内容：首先，将实际效果与预测进行对比；其次，将已获得的结果与目标要求、项目要求和计划要求进行对比；最后，将实际成本与预算成本进行对比。

第五，评价职能，评价是指图书馆管理实施过程结束之后，根据管理的成效，对图书馆管理过程的各项活动进行全面的检查、比较、分析、论证和总结，从中得出规律性的启迪，以达到不断提高管理水平，取得更好的管理效益，实现管理良性循环的一项管理活动。

图书馆管理过程结束之后，需要对所获得的管理成绩和效果进行相应的评价，从中汲取经验和教训，为下一轮的管理循环提供依据，打好基础，以便不断提高图书馆管理工作的水平。因此，评价既是图书馆管理过程的归宿，又是图书馆管理过程的出发点。它对于加强图书馆管理工作，提高图书馆管理水平有着至关重要的作用。

第二节 图书馆管理原理的相关研究

原理是指某种客观事物的实质及其运动的基本规律。图书馆管理原理是对图书馆管理工作的实质内容进行科学分析总结后而形成的，是对图书馆各项管理制度和管理方法的高度综合与概括。因而对图书馆管理活动具有普遍的指导意义。

一、系统原理所蕴含的几对基本概念

（一）系统与要素

系统论的创立者贝塔朗菲把系统界定为，"处于一定的相互关系中并与环境发生联系的各组成部分（要素）的总体（集合）"。

钱学森认为："系统是由相互作用和相互依赖的若干组成部分结合成的具有特定功能的有机整体"。

从系统的定义可以看出，一个具体的系统必须具备三个条件：一是系统必须由两个以上的要素（元素、部分或环节）所组成；二是要素与要素、要素与整体、整体与环境之间存在着相互作用和相互联系；三是系统整体具有确定的功能。这

三个条件缺一不可，否则就不能构成一个具体的系统。

要素始终是和系统不可分割的。要素是构成系统的必要因素，即组成系统的各个部分或成分，是系统最基本的单位，因而也是系统存在的基础和实际载体。要素在系统中的情况一般可分为三种：一是不同数量和不同性质的要素可构成不同的系统；二是相同数量和相同性质的要素仅由于结构方式的不同，也可构成不同的系统；三是相同性质的要素仅由于数量的不同，也可构成不同的系统。系统和要素是对立统一的关系：首先，系统通过整体作用支配和控制要素；其次，要素通过相互作用决定系统的特性和功能；最后，系统和要素在一定条件下相互转化。

（二）结构与功能

所谓结构，是指系统内部各组成要素之间的相互联系、相互作用的方式或秩序，也就是各要素之间在时间或空间上排列和组合的具体形式。

所谓功能，是指系统与外部环境相互联系和作用过程的秩序和能力。系统功能体现了一个系统与外部环境之间物质、能量和信息之间的输入与输出的变换关系。

结构与功能之间的关系主要表现为如下几种情况：首先，由不同要素组成的不同结构的系统具有不同的功能；其次，由相同要素组成的不同结构的系统也具有不同的功能；再次，组成系统的要素和结构不同，可以具有相同的功能；最后，同一结构的系统可以具有多种功能。总之，由于客观世界的复杂性和无限性，系统的结构和功能的关系是多样的，变化是无穷的，在一定条件下是可以转化的。

（三）环境与行为

所谓环境，是指系统存在的外部条件，也就是系统以外对该系统有影响、有作用的诸因素的集合。在一个大系统中，对于某一特定的子系统来说，其他的子系统可以看成是它的环境。环境实际上是同某一特定的系统相关的其他系统（或事物）的统称。

所谓行为，是指系统对环境的影响和作用的反应，即在系统与环境的相互作用中，环境对系统施加影响和作用后系统对环境的反作用。系统行为是由系统环境和系统内部状态两个因素引起的。其中，环境是产生系统行为的诱因或外部条件，系统内部状态是系统行为的根据或决定因素。系统行为归根结底决定于系统的内部状态，而系统的内部状态又取决于系统结构的优化程度。

可见，系统行为实际上是系统的外部状态，即系统本质规定的外部表现。在一定环境下，可以通过改变系统的内部状态来调节或改变系统的行为。也可以通过系统行为的研究来考察一个系统的内部状态，即系统要素及其结构方式。

二、系统原理的内容

系统原理是有关系统的基本属性、共同特征和一般规律的理论概括，主要体现在系统与要素、要素与要素、结构与功能、系统与环境、系统与时间等关系。

(一) 系统整体性原理

系统整体性是指系统诸要素相互联系的统一性。整体性是系统最本质的属性，因而"整体"和"系统"这两个概念经常被同义使用。在这个意义上，贝塔朗菲指出，"一般系统论是对'整体'和'完整性'的科学探索"。因此，整体性原理是系统原理的一个最基本的组成部分。系统的整体性根源于系统的有机性和系统的组合效应。系统整体性原理的基本内容有：要素和系统不可分割。

系统整体的功能不等于各组成部分的功能之和。系统整体具有不同于各组成部分的新功能。系统整体性原理对图书馆管理工作具有重要的指导意义。

第一，根据图书馆管理目标，把管理要素组成为一个有机的系统。图书馆管理的目的就在于把图书馆中诸要素的功能统一起来，从总体上予以放大。在这个意义上说，图书馆管理是把图书馆中的各种要素或各个部分协调起来，使之达到某种组织目标的学问。

第二，把不断提高要素的功能作为改善图书馆系统整体功能的基础。由于组成图书馆系统的要素是决定其整体功能状况的最基本的条件，因此改善图书馆系统的整体功能一般应从提高其组成要素的基本素质入手。图书馆系统作为一个整体，一般由采访、分编、典藏、流通等部门或环节组成。任何一个部门或环节的功能素质不健全或相对削弱，都会在一定程度上影响图书馆的整体效应。因此，必须按照图书馆整体目标的要求，不断提高各个部门特别是关键部门或薄弱部门的功能素质，并强调局部服从整体、保证整体，以保证图书馆系统最佳的整体功能。

第三，保持图书馆系统要素的合理组合。系统整体性原理告诉我们，整体功能不守恒的实质在于结构是否合理。因此，改善和提高图书馆系统的整体功能，不仅要注重发挥每个要素的功能，更重要的是调整要素的组织形式，建立合理的结构，从而使图书馆系统整体功能优化。

(二) 动态相关性原理

系统是处在不断地发展变化之中，系统状态是时间的函数，这就是系统的动态性。系统的动态性取决于系统的相关性。系统的相关性是指系统的要素之间、要素与系统整体之间、系统与环境之间的有机关联性。它们之间相互制约、相互影响、相互作用，存在着不可分割的有机联系。

正是由于系统内部诸要素之间、要素与系统整体之间、系统与环境之间的相互作用和相互联系，才构成了系统发展变化的根据和条件。

动态相关性原理的实质是：揭示要素、系统和环境三者之间的关系及其对系统状态的影响。动态相关性原理的基本内容有：系统内部要素和要素之间的相关性、要素与系统整体的相关性、系统与环境的相关性。从上述内容可以看出，动态相关性原理和系统整体性原理是紧密联系的。整体性原理是系统思想的核心，动态相关性原理则是整体性原理的延续和具体化。动态相关性原理对实际的图书馆管理工作具有重要的指导意义。

第一，图书馆系统中的存在和有效运行的要素都与其他要素相关。图书馆系统中某个要素发生变化，就会引起其他相关要素的相应变化。例如：图书馆藏书规模的扩大，必然要求增加工作人员和书库空间；图书馆新馆舍的建成，必然要求对工作人员、藏书、设备等要素重新进行布局；图书馆自动化系统的更新，必定要求对馆员进行培训等方面。因此，在图书馆管理实践中，当我们想要改变某些不合要求的要素时，注意考察与之相关要素的影响，使这些相关要素得以相应地变化。图书馆系统中各要素发展变化的同步性可以使各要素之间相互匹配，从而增强协同效应以提高图书馆系统的整体功能。

第二，图书馆系统内部诸要素之间的相关性不是静态的，而是动态的。要素之间的相关作用是随时间变化的，由此决定了系统整体的性质和状态也是不断发展变化的。因此，必须把图书馆系统视为动态系统，在动态中认识和把握其整体性，在动态中协调部分与部分、部分与整体的关系。图书馆管理的过程，实质就是把握藏书、馆员、读者、经费、设备等要素的运动变化特点，有针对性地进行调节和控制，最终实现图书馆管理的最佳目标。

第三，图书馆系统的整体功能存在于图书馆与环境的相关性之中。如果说要素之间的相关性形成系统的结构联系，使系统成为具有一定结构的整体，那么系统与环境的相关性则形成系统的功能联系，使系统具有某种整体功能。系统有一定的整体功能，表明系统与环境必须按照一定的规律进行物质、能量和信息的交换，才能保持系统整体的性质，产生一定的整体效应。如果系统与环境的输入和输出关系遭到破坏，系统整体的性质和整体效应就会受到影响以致丧失。因此，一定要在图书馆系统和环境的相互联系和相互作用中认识并改善图书馆系统。

（三）层次等级性原理

一个系统的组成要素是由低级要素组成的子系统，而系统本身又是高级系统的组成要素。这种系统要素的等级划分，就是系统的层次等级性。层次等级性原理的基本内容有：层次等级结构是物质普遍的存在方式；处于不同层次等级的系统具有不同的结构，亦具有不同的功能；不同层次等级的系统之间相互联系、相互制约，处于辩证的统一之中。

系统层次等级性原理对图书馆管理工作具有重要的指导意义。

（1）系统层次等级性原理可以指导人们合理设置图书馆管理层次

管理组织系统划分层次等级的主要原因在于管理对象的复杂性与管理者个人能力的有限性之间的矛盾。管理对象的复杂化，使管理组织系统的规模日益增加。对于规模较大的图书馆系统来说，合理划分管理层次，建立等级结构，可以削弱系统规模和对象复杂性之间的联系，缓解管理对象复杂性和管理者能力之间的矛盾。

（2）系统层次等级性原理可以指导人们科学地分析图书馆目标

图书馆系统的层次等级是科学分解目标的组织基础。一个图书馆系统总是要根据自身的基本任务、上级的指令、当前的状况、发展的需要和各种内外条件来确定系统的总体目标，然后按照图书馆系统的层次等级将总目标分解为不同层次、不同部门的分目标。分目标要保证总目标，总目标指导分目标，从而形成前后衔接、上下贯通的目标体系。

（3）系统层次等级性原理可以指导人们按图书馆系统的层次实施层级管理

图书馆系统中的每一层级所处的地位不同，因而性质和功能也不同。每一个管理者都有自己相应的管理层次，处于不同层次的管理者各有不同的目标责任和要求。一般来说，同一层次各子系统的横向联系应由他们之间全权处理，只有出现不协调或发生矛盾时才提交上一层次的系统来解决。

（四）系统有序性原理

系统有序性原理是指构成系统的诸要素通过相互作用，在时间和空间上按一定秩序组合和排列，由此而形成一定的结构决定系统的特定功能。系统有序性标志着系统的结构实现系统功能的程度。因此，系统有序性原理的实质在于揭示系统的结构和功能的关系。

系统有序性原理的基本内容有：一是系统都有特定的结构。结构合理，系统的有序度越高，功能就越好，反之，结构不合理，系统的有序度低，功能就差；二是系统由低级结构转变为较高级的结构，即趋向有序，反之，系统由高级结构转变为较低级的结构，即趋向无序；三是系统必须保持开放性，才能使系统产生并且维持有序结构。

系统有序性原理对图书馆管理工作的指导意义表现在：第一，掌握系统有序性原理，有助于深入理解图书馆系统对外开放和对内搞活政策。图书馆系统应该是一种具有活力的耗散结构系统。耗散结构系统的存在和发展必须具备两个条件：

一是对外开放；二是内部要有活力。只有对外保持图书馆系统的开放性，才能从外部环境中吸收负熵流，以抵消内部的熵增。对内要有活力，就是要保持图书馆系统内部的非平衡态。第二，掌握系统有序性原理，有助于提高图书馆管理的有序度。要提高图书馆管理的有序度，必须科学地安排图书馆系统诸要素的秩序，使之协调匹配，以减少内耗而求得统一的整体功能。为此，主要应使以下三个方面有序：首先是目标体系有序；其次是目标实施过程有序；最后是组织系统有序。

三、图书馆管理的人本原理

（一）人本原理的含义

所谓人本顾名思义就是以人为根本。概括地说，图书馆管理的人本原理是指在图书馆管理活动中，坚持从人出发，以调动和激发人的积极性和创造性为根本手段，以达到提高管理效率和人的不断发展为目的的原理。该原理具体包含以下几层含义。

（1）人的因素第一的观念

所谓人的因素第一，就是在观察事物、处理事情、解决问题时，把人的因素看成首要因素、关键因素、决定性因素，既不是重物不重人，也不是见物不见人。

（2）尊重知识、尊重人才的观念

尊重知识和尊重人才是统一的。这是因为，知识是人才的基础，人才又是知识的人格化。但图书馆管理中的人才观念是指广义的人才，而不仅仅是指少数典型或代表人物。

（3）"人和第一"的观念

在图书馆管理中树立"人和第一"的观念，既包括管理者之间即领导班子的团结合作，管理者与被管理者的团结合作，上下同心同德，也包括团体或组织内良好的人际关系、团体或组织外良好的社会关系。

（二）在图书馆管理中贯彻人本原理的主要途径

（1）把图书馆管理建立在对人的本性的科学认识之基础上

通俗地讲，就是首先明确所管理的人是什么人，然后再研究管理制度和管理方法，即如何管理的问题。这样就能使所制定的管理制度和措施有较强的针对性，使之建立在科学而实际的基础上，从而在根本上起作用。

（2）在图书馆管理中正确运用激励机制

人的需要是人普遍存在的自然本性，管理应运用激励机制，通过满足人的合理需要来调动人的积极性。需要决定动机，动机产生行为，这是人的行为产生发展的规律。在图书馆管理活动中，通过认识和引导人的需要去实施对人的管理具体包括以下三个方面的内容。

1.通过认识人的需要去实现对人的管理

在图书馆系统中,每个人都有着多种多样的不尽相同的愿望、利益和追求。这些个人的愿望和利益,有些是同图书馆利益相一致的,或是兼容的,也有些是不符合甚至背离了图书馆的需要。图书馆管理实际上就是通过认识人的需要,并在这种认识的基础上,鼓励、支持和强化个人符合图书馆的需要,实现图书馆的愿望和追求。限制个人那些不符合图书馆条件所许可的愿望和追求,甚至对后一种行为实施必要的惩罚。

2.通过促进人的需要去实现对人的管理

人的行为归根结底都是为了满足自身需要的活动。管理就是要预测作为被管理对象在一定环境下会怎样行动,也就是要知道他们需要的是什么。所以,解决个人需要与集体需要之间的矛盾,是管理者的重要职责。图书馆管理者要把读者的需要、馆员的需要和图书馆的需要紧密地结合起来,保证图书馆成员合理的个人需要得到满足,极大地调动馆员完成图书馆任务的积极性。

3.通过唤起和促进馆员的需要,实现更为积极主动的图书馆管理

在某种意义上,能否唤起被管理者的需要,是管理活动有效、成功与否的"测量器"。管理者都希望通过对被管理者施加信息影响,唤起他们对集体的有关活动的兴趣。这时,被管理者对执行图书馆活动不是出于强迫,而是出于个人内在需要。

(3)重视人的精神追求、价值观的实现和政治思想在图书馆管理中的作用

我国古代早有"为将之道,当先治心"的名言。随着社会的不断进步和人们物质文化生活水平的不断提高,人的精神追求、价值观的实现和思想政治因素在管理中发挥的作用越来越大。因此,图书馆管理应重视文化建设,加强思想政治工作,以使图书馆系统有明确的追求目标,形成良好的共同价值观和强大的精神凝聚力。

(4)创造能充分发挥人的聪明才智和拔尖人才脱颖而出的机制和环境

图书馆中所存在的种种影响人的才能和积极性充分发挥的因素,如领导作风、运转机制、管理制度、精神风貌等,大多是人为原因造成的。因此,要想提高图书馆管理水平,增强图书馆系统的活力,就必须大胆地清除影响人的才能和积极性充分发挥的各种障碍。

图书馆可通过实行民主管理、建立平等竞争机制、制定公开、公平和公正的分配制度与干部培养、选拔、任用和考核制度,以及贯彻目标、责任、绩效和利益等措施,来促进人才成长的优良环境。

（三）图书馆管理的能级原理

在图书馆管理的活动过程中，人是决定性因素，所以要"以人为本"。但仅仅认识到这一点还远远不够。因为图书馆成员的知识水平、年龄、职称、学历学位、社会阅历各异，也就是说不同的人具有不同的能量，所谓"因人制宜""量才录用"即出于这种考虑，这就牵涉到了能级原理。

（1）能级原理的基本含义

图书馆管理的任务之一，就是要建立一个与其要素的能量相对应的具有不同层次及能量的合理的结构体系，使图书馆的各要素及其行为动态地纳入相应的能级中，形成图书馆系统得以良性运行的"场"和"势"，进而达到优化图书馆系统整体功能的目的。这就是图书馆管理能级原理的含义。

（2）图书馆能级的结构优化

优化图书馆的能级结构是图书馆能级动态优化的基础和保证。若对图书馆的能级结构形态做几何学考察，则一个稳定的图书馆能级结构应呈正三角形态。其特点是：上面（战略规划层）最小，中间（战术计划层）稍大，下面（技术操作层）最大。

管理组织的正三角形态属于全稳态能级结构系统，是现代图书馆管理较理想的能级结构形态。其典型特点是：决策层令行统一、政出一门、执行层有章可循、有据可依，从而保证管理的路线、方针和政策能长期稳定地持续下去。能满足管理智力和权力在质上递增、在量上递减的原则。符合现代管理的投入与产出法则，可做到以小投入实现大产出。便于发现各管理能级故障，职责明确，提升管理效能。

（四）图书馆管理的动力原理

（1）管理动力原理的基本含义

动力的管理学含义是指推动管理活动向特定方向运动的力量。管理动力具有如下特征：一是不仅有大小、方向，而且有直接作用的目标；二是它不仅是一种力量，还是一种强有力的制约因素，促使管理组织按特定方式、以特定速度和规模向特定方向运动；三是它形成管理组织有序运动的主要原因，是维持管理组织存在、发展和完善的必要前提。

现代管理强调，管理活动必须有强大的动力，尤其要求管理者要正确地运用管理动力，从而使管理能持续有效地进行下去，并趋向管理组织整体功能优化。这就是管理动力原理的基本含义。

（2）管理动力原理的基本形态

我们认为，激发图书馆系统的高效能，推动图书馆管理行为趋向图书馆整体目标，最基本的动力是物质动力、精神动力和信息动力。

1. 物质动力

图书馆管理的物质动力，是指通过一定的物质手段，推动图书馆管理活动向特定方向—最有效地满足读者的知识信息需求运动的力量。对物质利益追求而勃发出来的力量是支配人们活动的原因。

2. 精神动力

精神动力作为一种推动图书馆管理活动趋向优化目标的重要力量，已被越来越多的人所认识。这是因为，作为推动图书馆管理活动的精神力量，一方面依赖于物质力量，并以物质动力作为其存在和发挥作用的前提。另一方面，不仅能大大地影响并制约物质动力的方向，决定物质动力发挥的速度、范围、持久性等，而且一旦精神动力转化成每个人员要素的内心信念，就会对个体要素的行为产生深远而持久的影响。这些都是精神动力的独特作用之所在。值得一提的是，日常思想工作也是精神动力的一项重要内容。对图书馆管理活动而言，更要引起高度重视。

3. 信息动力

信息动力是图书馆管理的本质，从某种意义上讲，就是信息输入、存储、加工和输出的活动过程。信息作为动力，同其他动力一样，从特定的角度、以特定的方式推动着图书馆管理活动趋向特定的目标。信息量在迅速增加，而科学知识的老化周期则日益缩短。知识的反向运动及其趋势对图书馆管理提出了特殊的要求。

一个图书馆系统为了维持自身的存在和发展，不仅要输入、处理和输出各种信息，而且应不断地加大有效信息的输入和输出效率，这样才能立足于先进管理之列。图书馆的生存前提，既取决于它的信息加工能力和信息更新周期，也取决于它在向外部环境提供信息质量和数量的基础上所获得的用户市场量当然，我们在图书馆管理活动中既要正确区分有用信息、无益信息和有害信息，还要注意保持信息量的度。

（五）图书馆管理的效益原理

效益是管理的永恒主题，图书馆管理自然也不例外。图书馆管理的效能、效率和效益图书馆管理的效能是指图书馆管理系统所具备的实现目标的能力，它直接取决于图书馆管理系统的目标是否明确、结构是否合理以及图书馆人的积极性发挥得是否充分。

（1）从动态过程看

图书馆管理效益是管理目标行为有效做功的结果，它表现为管理效能、效率和系统目标的函数。可用下面公式表示：管理效益=f（系统目标，管理效能，管理效率）。这表明了以下几个方面的内容。

第一，图书馆管理系统的整体目标是管理效能和效率趋向管理效益的一个重要干涉变量。即使在管理效能大、效率高的情况下，如果管理的目标不明确或无目标，管理效益就低下或无管理效益可言；如果管理系统目标错了，则管理结果就是负效益，且效能越大、效率越高，系统整体的负效益也就越大。

第二，由于目标变量可主要视其优化程度而在0-1取值，因此，当图书馆管理系统的目标确定后，目标就转化为一个常量。

第三，一个系统的效能主要取决于它的结构。一个图书馆管理系统在特定的时空内其结构是相对稳定的，因此，其效能也可视为一个常量。这时，上面的公式可化为：效益=f（效率）即效益直接取决于效率，并不是它的函数。

（2）从静态结果看

图书馆管理效益又主要由经济效益和社会效益构成。我们把图书馆管理系统所表现出来的内在价值称为经济效益，把图书馆管理系统对读者的价值称为社会效益。

经济效益与社会效益既有联系，又有区别。经济效益是社会效益的基础，而追求社会效益又可以成为提高经济效益的重要条件。图书馆管理活动在处理经济效益与社会效益的关系上，应该是统筹兼顾，最大限度地追求经济效益和社会效益的同步增长。既反对单纯追求经济效益而不顾社会效益的倾向，也反对片面讲求社会效益而不讲经济效益的做法。当经济效益与社会效益发生矛盾时，应当从全局出发协调两者的关系，但基本的原则是要让经济效益服从和服务于社会效益。

（3）图书馆管理效益的根据

1.生产方式

从根本上来看，图书馆管理效益是由生产方式决定的。在某种意义上，图书馆管理活动是生产方式的外在表现，有什么样的生产方式就必然会有什么样的管理活动。所以，生产方式既决定着图书馆管理的性质，也决定着图书馆管理的方式。图书馆管理具有什么样的性质和以什么样的方式存在，又直接决定着图书馆管理的效益。因而，生产方式从根本上决定图书馆管理的效益。

2.管理者

管理者是管理的主体，在图书馆管理活动中居于支配地位，起核心作用。管理者的思想观念、行为方式对图书馆管理效益的影响是十分明显的。这是因为，管理者的思想观念在管理活动中往往表现为管理的指导思想，这种指导思想又会支配管理行动，使其表现出特定的管理行为方式。管理者的思想观念、行为方式对图书馆管理效益的影响，是通过对图书馆管理活动的计划、组织、领导、控制和评价等职能和环节而实现的。

3.管理对象

图书馆管理对象是由人力、财力、物力、信息资源等要素组成的一个有机体系，其中，人力是最重要的。尽管财力、物力、信息资源等要素的组合对提高图书馆管理效益具有不可忽视的作用，但这种作用只有通过人的活动才能实现。人的素质水平、工作责任心、主观能动性发挥的程度，往往决定着其他管理对象作用发挥的程度。

4.管理环境

图书馆管理效益是通过有效地管理活动实现的，而管理活动又是在外部客观环境的影响下进行的，因此。管理环境也是影响管理效益的一个重要因素。影响图书馆管理效益的环境因素包括政治环境、经济环境、科技环境和社会心理环境。

政治环境是指一个国家的政治形势、法律制度、路线方针政策以及国际局势。经济环境是指图书馆系统之外的经济发展状况，如市场、投资、银行信贷、税收、物价等，这些因素通过价值规律等方面的作用影响图书馆管理的效益。，科技环境是指图书馆系统外部科学技术（尤其是信息技术）的发展状况，它通过影响劳动生产率来影响图书馆管理的效益。社会心理环境是指图书馆系统外部的各种社会心理现象，主要包括社会态度、社会期望、社会舆论、消费心理、从众心理等，它们通过对图书馆的精神文化、人际关系以及图书馆成员的心理行为产生影响进而影响图书馆管理效果。

弄清影响图书馆管理效益的因素对于提升图书馆管理效益具有重要意义。可以使管理者提高认识，在图书馆管理活动中注重运用科学地管理方法和民主的管理手段，自觉地提高管理水平。

第三节 我国现代公共图书馆管理体系建设研究

一、我国现代图书馆管理建设

（一）现代图书馆管理的内涵

概念是用词或短语表达的，是词和短语的思想内容，而词和短语是概念的语言形式。一般情况下，概念有内涵和外延之分。

概念的内涵是指概念所反映的事物的特殊性或者事物的本质特征，它反映概念质的方面，说明概念所反映的对象是什么样的。

概念的外延反映出包含在概念中的不同种类的事物，它反映概念量的方面，即概念的适用范围，它说明概念反映的是哪些对象。因此，鉴于概念在基础理论研究的重要性，我国的一些学者对于图书馆管理都给出了自己的定义。

黄宗忠认为："图书馆管理就是通过计划、组织、指挥、协调和控制等活动，最合理地使用图书馆系统的人力、财力、物质资源、使之发挥最大作用，以达到图书馆预期目标，完成图书馆任务的过程。"

吴慰慈认为："图书馆管理是对图书馆的文献信息、人力、财力、物质资源，通过计划、决策、组织、领导、控制和协调等一系列过程，有效地达成图书馆的目标的活动。"

倪波、苟昌荣认为，"图书馆管理是指应用现代管理学的原理和方法，合理组织图书馆活动，有效地利用图书馆人力资源和物质资源，发挥最佳效率，达到预定目标的过程，并在此过程中不断地审查改进，最终完成任务。"

《图书馆管理学教学大纲》提出，"图书馆管理是指以图书馆发展的客观规律为依据，遵循管理工作的内容与程序，建立优化的管理系统、合理配置和利用图书馆资源，实现其社会职能的控制过程。"

综合以上关于图书馆管理的论述，我们可以看出，图书馆的管理概念是因各学者或组织的出发点及角度的不同而产生的不同看法。但依据管理的基本原理来看，其内涵都具有一定共同之处，只不过是将管理的基本原则同方法、技术、手段混为一谈，而产生了一些偏颇。因此，有必要对这些主要的图书馆管理概念相互关系加以分析，对其概念中所具有的内涵加以理解把握。具体可以从以下几个方面入手。

第一，图书馆管理是管理学的基本原理在图书馆领域的具体表现，如图书馆管理中重视人力的作用，是管理学基本原理中人本原理的运用。不仅使人力、财力、物质等资源在管理活动的影响下以发挥最大作用，还是系统原理和效益原理的充分体现。对图书馆管理活动进行计划、组织、指挥、协调和控制是动态原理的适用。

第二，图书馆管理中要注意把管理学中的各项人本原理、系统原理、动态原理和效益原理等相关理论有机地结合起来，尽量避免因为认识上的偏差而使它们在实际运用中人为地割裂开。

第三，在实际图书馆管理工作中，要使管理的基本原则同管理的方法、技术、手段等有机地联系起来，在基本原理的指导之下，针对图书馆管理工作中出现的新情况、新问题而采取相应的方法、技术和手段。

所以，图书馆管理是图书馆在正常运转过程中为了实现图书馆的工作目标，完成图书馆的工作任务，而对图书馆系统内的各种资源进行的活动。

（二）现代图书馆管理的特点

（1）综合性

管理用科学的方法改进管理工作，充分调动人的积极性的一种行为。它主要是以人为中心的管理行为作为对象，发现活动规律，并通过合理的组织和配置人力、财力、物力等因素，提高企事业单位中的工作效率，达到提高生产力的目的。图书馆服务工作的主体是读者，以读者为中心，图书馆的管理者维护图书馆服务工作的正常运行和发展，要解决好人与环境、人与人之间各种关系问题。所以说，图书馆管理实质上是围绕管理和服务进行的，是多种综合的结果。

（2）理论性

图书馆的管理是一项特殊的管理活动。在管理的实际运行中，可以借鉴多种基础理论的研究成果，如管理学、图书馆学、情报学、经济学、心理学等一系列学科。这些学科的某些优秀成果与图书馆管理相结合，并具体运用到实际管理中，使图书馆的管理以深厚的理论为基础，以便能更好地推动图书馆事业的发展，提高图书馆在社会中的地位和作用。

（3）科学性

图书馆管理是一项具有科学性的活动，从图书馆产生之初，人们就知道采用一些方法查找文献信息。因此，在图书馆管理的过程中，人们发现了很多的方法管理和利用文献信息资源，这些方法逐渐形成了图书馆管理工作的规定，有些甚至上升成标准和法律。

（4）组织性

随着图书馆事业的发展，图书馆已经逐渐形成了规模化，图书馆管理活动也复杂起来。管理活动中涉及的各种资源也越来越多，人力、物力、财力、文献信息等资源交织起来影响着图书馆的管理活动运行。对这些资源管理的好坏直接影响着图书馆的正常运行，所以在图书馆管理中要有计划、有目的地去进行管理，图书馆管理是一项系统的、有组织的管理活动。

（5）动态性

管理活动的本身就是要在不断变化的环境中进行。为了应对不同的读者需求图书馆管理活动要变化，为了文献信息的形式改变管理要活动变化，为了改变的社会环境管理活动也要变化。所以，图书馆管理是一项要随着服务对象、工作环境和社会环境等因素变动而进行改变的活动。只有跟上时代的变化，随时适应影响图书馆发展的各项因素，才能使图书馆符合社会发展的需求，不被时代所遗弃。

（6）协调性

图书馆的管理涉及图书馆各项业务活动和行政管理活动等方面具体的活动。这些具体活动直接影响着图书馆管理能否正确、正常和有序地进行。图书馆管理就是要使这些具有关联性的各种业务活动和行政管理活动中的人际关系、利益关系处于一种和谐、平衡的状态，消除管理活动中的各项不利因素，从而减少内耗，降低摩擦，发挥组织的协同作用，使图书馆有限的人力资源、信息资源发挥出最大的效用。

二、现代图书馆管理环境

（一）图书馆管理的外部环境

（1）一般环境

一般环境是图书馆管理的外部环境之一，又称为宏观环境，是指对图书馆管理活动产生的影响。一般环境对图书馆的影响虽然不是直接的，但有可能对图书馆产生某种重大的影响。具体包括以下几个方面。

1. 政治环境

政治环境的稳定是图书馆发展的基础因素，国家对图书馆的重视程度直接决定着国家对图书馆的宏观调控政策，财政对图书馆的支持和图书馆管理的对外交流情况。

2. 经济环境

包括社会经济结构、经济发展水平、经济体制和宏观经济政策等几个方面，它们构成图书馆生存和发展的社会经济状况及国家经济政策。

3. 法律环境

图书馆相关的社会法制系统及其运行状态。当前，我国将图书馆和图书馆管理纳入法治化管理渠道，为图书馆的发展提供了稳定发展的基础和保证。

4. 科技环境

是指图书馆所处的社会环境中的科技要素及与该要素直接相关的各种社会现象的集合，包括社会科技水平、社会科技力量、国家科技体制、国家科技政策等。因为科技环境对图书馆的影响巨大，现代图书馆的快速发展与科技发展密切相关，所以关注科技环境有利图书馆的发展。

5. 社会文化环境

包括一个国家或地区的人口、文化教育、传统风俗及道德和价值观念等。这些因素影响着图书馆的数量、文献信息资源的收集方向以及图书馆的服务对象等方面。

（2）特殊环境

特殊环境又称微观环境，或任务环境。它是指图书馆的组织目标产生和实现直接影响的外部环境因素。特殊环境与一般环境因素相比，对图书馆的影响更频繁、更直接。

1. 读者或用户

是指利用图书馆文献信息资源的人群，是图书馆服务的对象。是图书馆存在的必要条件，对图书馆的影响起着决定性作用。

2. 文献信息资源的供应者

包括出版社、图书馆经销商、数据库的开发者和经营者、信息设备的开发和生产，当然也包括各种信息、技术和服务等。这些供应者提供的产品或服务的数量、质量和价格直接影响着图书馆的文献信息资源的保存程度、质量。

3. 图书馆的竞争者和合作者

网络信息服务使图书馆的发展面临着巨大的困难，它的方便、灵活、丰富性影响着传统图书馆的管理，为此，图书馆的管理要向网络信息服务的管理模式借鉴，以及调整自身的战略目标。同时，与网络信息服务合作，发展自身特色的网络信息服务平台，促进自身发展。

4. 业务主管部门

图书馆与主管部门良好沟通，是保证图书馆朝着既定目标前进的基础之一。以上这些环境因素构成了图书馆管理的外部环境。外部环境的不确定性和复杂性使图书馆的存在和发展过程中要不断密切关注这些环境的变化，建立一定的缓冲机制和弹性机制，以适应这些因素的影响。

（3）图书馆管理的内部环境

图书馆管理的内部环境一般包括图书馆的文化建设和图书馆的基础条件两部分。

1. 图书馆的文化建设

文化建设是处于一定经济、社会、文化背景下，在长期的发展过程中逐步产生和发展起来的日趋稳定的价值观，以及以此为核心而形成的行为规范、道德规则、群体意识、风俗习惯等。一般可分为三个结构层次：①表层文化即物质文化层次。包括馆舍、馆貌、工作条件、设施配备情况等是图书馆表层文化的物质体现和外在表现；②中层文化即制度文化层次，是指对馆员和图书馆自身行为产生规范性、约束性影响的部分。主要包括工作制度、责任制度和其他特殊制度等，是图书馆物质文化和精神文化的中介；③内层文化即精神文化层次，包括用以指导图书馆开展读者服务活动的各种行为规范、价值标准、职业道德、精神风貌及馆员意识等。以上这三个结构层次的文化互相联系、互相依赖、互相影响和互相转化，构成图书馆文化的统一体。对图书馆的管理起到了导向功能、凝聚功能、激励功能、规范功能以及渗透功能。

2. 图书馆的基础条件

基础条件是指图书馆所拥有的各种资源的数量和质量情况，包括人员素质、文献信息资源的储备情况、科研能力等。这些因素与其他因素一样，影响图书馆的目标的制定与实现，而且还直接影响图书馆管理者的管理行为。

（二）图书馆管理的职能

图书馆管理的职能指的是管理在图书馆的业务、政务管理和职工生活管理过程中所发挥作用，是管理职能在图书馆的具体执行和体现。

（1）计划职能

计划职能是指图书馆各个部门为了实现既定的行政决策目标，对整体目标进行科学分解和测算，并筹划必要的人力、物力，拟定具体实施的步骤、方法以及相应的政策、策略等一系列管理活动。具体包括：计划的制定、计划的执行和计划的检查监督等环节。其目的是使图书馆的各项工作能够有计划、有步骤、有方法地进行，以杜绝领导工作的随意性，避免对图书馆管理的消极影响。

（2）组织职能

图书馆管理组织职能的目标就是具体落实和实现决策和计划，是实现管理目标和管理效能的关键性职能。组织职能具体包括：对图书馆各种工作机构的设置、调整和有效运转；对各机构职权的合理划分；对全馆工作人员的选拔、调配、培训和考核；对资金、固定资产和其他物品的安排和有效利用；对执行活动中的各项具体工作进行的督促、检查和指导等。

（3）领导职能

领导职能图书馆管理中的协调职能，是指对图书馆行政部门、业务部门以及全体工作人员之间的各种工作关系进行调整和改善，按照分工协作的原则，互相支持、密切配合，步调一致，共同完成本馆内预定的任务和工作。

（4）控制职能

控制职能是指管理按照行政计划标准，衡量计划完成情况并纠正计划执行中的偏差，以确保计划目标的实现。图书馆管理的控制职能贯穿于行政管理的各个方面和全过程。做好控制职能一般要注意以下几个方面：①确立控制标准，使各项工作有可衡量的指标，以采取正确的纠正措施；②对管理行为的偏差进行检查和预测，对图书馆管理工作的实际结果与质量标准监测，获取管理工作的偏差信息，为下一步采取控制措施提供依据；③采取相关措施对图书馆管理工作的行为和过程进行调节，即判断管理行为偏差的性质和层次，确定偏差的程度和范围，找出产生的原因，制定相应具体地纠正措施；④实行有效的监督，即根据行政目标、计划和控制标准，监察、督导行政过程的正常发展和行政系统的有序运转。

（5）评价职能

评价职能是指图书馆管理实施过程结束之后，根据管理的成效，对图书馆管理过程的各项活动进行全面的检查、比较、分析、论证和总结，从中得出规律性的启迪，以达到不断提高管理水平，取得更好的管理效益，实现管理良性循环的一项管理活动。

总之，图书馆管理的职能是图书馆各个机构设置和改革的重要依据，也是管理运行的必需环节，科学地认识、确定管理的各个方面、各阶段的职能和保持它们之间的有机的联系，并适应环境和形势的变化及时地转变职能，对图书馆进行有效的管理，具有十分重要的意义。

第二章　公共图书馆管理的实施

第一节　图书馆人力资源管理的实施

一、图书馆人力资源管理的内涵

（一）什么是图书馆人力资源管理

图书馆人力资源是指所有从事图书馆工作的在职人员的总和，或者说是指为图书馆创造物质财富和精神财富，具有从事智力劳动和体力劳动能力的工作人员的总和。它是图书馆组织中最重要的资源，在图书馆工作中发挥着主导作用。

图书馆人力资源管理是指为了顺利地实现既定目标，而对图书馆人力资源的获取、开发、保持、利用进行系统化管理的活动过程。具体来说，就是在图书馆的管理活动中形成、培养、配置、周转、爱护、保全组织成员，建立组织及其成员之间良好的劳动关系，充分挖掘组织成员的劳动潜能，调动其积极性、自觉性、创造性，以实现组织目标的全过程。

图书馆人力资源管理的目的就是要通过人力资源的合理调配与培训，建立图书馆组织机构与工作人员之间的良好互动关系，实现图书馆其他资源与人力资源的最佳结合。这是因为图书馆服务的开展，图书馆资源的利用、操作和配置以及图书馆形象的塑造都是由图书馆员来实现。人力资源的优化配置是提高图书馆核心竞争力的关键因素，是图书馆可持续发展的坚强基石。

（二）图书馆人力资源管理的内容

图书馆人力资源管理的内容相当广泛，归纳起来，主要体现在两个层面：宏观的人力资源管理和微观的人力资源管理。

宏观层面的图书馆人力资源管理是指决策者在图书馆管理活动中进行的人力资源战略规划，制定人力资源发展的方针政策，分析与预测图书馆人力资源的存量与需求，控制与评价人力资源利用的管理过程。通常体现为针对社会发展以及图书馆事业发展的需要，制定图书馆人力资源的发展规划与战略管理政策，建立图书馆人力资源社会保障体系，推动图书馆人力资源管理的社会化和系统化发展，如图书馆专业人员职业资格的培训与认证工作。

微观层面的图书馆人力资源管理主要是指具体制定图书馆的人事管理制度与相关的方针政策，确定人员编制，规定人员的业务职称标准和考核标准，明确岗位要求与薪酬制度，配备与培训图书馆工作人员，协调图书馆各部门人力资源关系等图书馆管理活动过程。

（三）图书馆人力资源管理的原则

图书馆人力资源管理是图书馆管理和发展战略中重要的工作内容，需要政府和社会的积极支持以及图书馆各级领导与管理部门的协同努力。从根本上说，图书馆人力资源管理的核心是优化图书馆人力资源结构以及合理使用专业人员，它直接关系到图书馆组织的生存与发展，也是衡量人力资源管理效果的主要标准。在图书馆人力资源管理活动中应遵循"以人为本"的指导思想，坚持体现以下几个基本原则。

（1）以思想和行为为中心

这是图书馆人力资源管理基本思想的具体体现。图书馆工作人员是图书馆的第一资源，他们是图书馆工作的生命与灵魂。由于图书馆工作人员有着自己的理想与追求，渴望实现自己的人生价值。因此在图书馆人力资源管理过程中，应采取柔性管理策略，认真观察图书馆工作人员的思想和行为的变化，注重维护图书馆工作人员的利益，强调对图书馆工作人员的人性化管理，激发他们的工作热情，为图书馆工作人员创造良好的工作环境，使之努力实现图书馆的既定目标。

（2）以需要和能力为标准

这是图书馆人力资源管理指导思想的具体运用。图书馆人力资源管理的主要内容是对各类专业人员的配备和使用。如何构建图书馆组织机构与工作人员之间的互动关系，实现图书馆其他资源与人力资源的最佳结合，是人力资源管理的关键问题。因此，在图书馆人力资源管理活动中应充分注意按照因事择人、因才器用的管理规律，不但要根据工作岗位的实际要求来选拔和使用各类专业人员，同时还应根据人们的能力和素质的差异去安排不同的工作。只有这样，才能够最大限度地激发图书馆工作人员的个人潜力和工作热情，并使之产生理想的工作效果。所以，以工作需要和工作能力作为图书馆专业人员使用的基本原则是进行人事制度管理和人员配备的基本要求,也是提高工作效率和避免人力资源浪费的有效措施。

(3)以平衡和团队为动力

随着社会的变化和发展,图书馆工作人员客观地存在着适应社会的滞后现象。因此,在调整图书馆与社会发展关系,进行图书馆组织机构的重组与变革的同时,还应做出相应的人力资源调整,以维持社会和图书馆发展的动态平衡,同时也应注意图书馆人力资源的专业结构平衡、年龄结构平衡以及知识结构平衡。

要做到这一点,就要不断强化图书馆工作人员的继续教育和业务培训,注重图书馆人力资源的引进与流动。通过对在职人员的继续教育,提高工作人员的技能和水平,改善图书馆人力资源结构。此外,要通过对人员的引进改善和调整图书馆工作人员的能力结构,组成科学合理的团队,以团队的精神和力量来推动图书馆事业的发展。这是现代社会发展对人力资源的要求,也是图书馆在发展中不断创新的力量源泉。

二、图书馆员甄选与聘用机制

图书馆员的选拔和聘用是图书馆人力资源开发和管理的一项基本任务和重要环节,它决定了图书馆人力资源的结构成分以及具有的能力水平。图书馆员甄选是指对从事图书馆工作的人员进行公开选拔和测试,其目的是挑选符合需要的图书馆工作人员,提高工作效率,降低图书馆员职业培训的成本。图书馆员聘用是指在甄选的基础上,对具有专业技术资格和技术能力的竞聘人员进行录用和聘任,其目的是对录用的工作人员明确岗位职责并授予一定的岗位权利,以充分发挥所聘人员的才能和作用,它是图书馆人力资源管理的主要过程。

(一)图书馆员甄选任用的原则

(1)公开、公平、公正的原则

图书馆要获得高质量的图书馆员,提高自己的管理水平,就应在甄选和任用未来馆员的过程中坚持公开、公平、公正原则。图书馆应打破传统的自我封闭的形象,把图书馆所需的工作岗位和人员数量以及任职资格、录用时间向社会和图书馆组织内部公布,鼓励社会成员和图书馆职工参加竞聘。要做到机会均等、一视同仁,坚持任人唯贤,并通过相关的制度来确保选拔和聘用人员的质量。为此,图书馆应为选拔优秀人才创造良好的政策环境和工作环境,以保证图书馆运用科学的方法吸收和录用合适的工作人员。

(2)用人之长的原则

则知人善任、扬长避短,是图书馆员选聘过程中应该注意的重要原则。应该采取客观、辩证的态度，将待用人员的长处和短处、主流与非本质等方面反复仔细地掂量，区别对待。人无完人，倘若只看到其短处，看不到长处，就会陷入无人可选的困难境地。在甄选员工的过程中，关键在于如何根据岗位要求，发挥工作人员的长处。对于待用人员来讲，若能在最适合其个性特点的工作岗位上发挥其长处，就能各得其所，人尽其才。对于图书馆组织而言，也是得到人才的合理途径。

（3）用人不疑原则

它又称为信任原则。被任用的人才，要放手使用他们，发挥其主动性、积极性和创造性，支持员工取得各项工作成绩。一个人如果得不到管理者的信任，处处受到猜疑，他就不会全身心地投入到工作中去，智慧和才能就不会充分发挥。只有充分信任，支持选拔和录用的工作人员大胆工作，才能使之充分发挥其聪明才智，为图书馆创造更大的成就和效益。

（4）注重潜力的原则

要注重竞聘人员的潜在发展能力。有些人在担任现职时表现出色，但当被选拔到高一级职位时，就不能胜任工作的需要。因此，在对应聘人员进行考核时，应注重对其工作能力、知识范围、思想品德以及交往能力进行全面考核和评定，同时还应注意其团队精神和协作精神的评定。要正确评价竞聘人的发展潜力，根据其处理复杂问题的能力和是否具备高层次人才所需的基本素质进行甄选和聘用。

（5）条件适当的原则

在选聘过程中，选聘的条件可能很多，候选人过五关斩六将才能够得到想要的岗位。但是，这些条件的设置不能太过脱离组织实际，过于苛刻，必须要根据图书馆组织的目标以及这一目标对人员配置职能的要求等方面来客观设计，应对待聘职位的性质进行工作分析，并充分考虑这一职位对人员提出的要求来选拔人才，这样才不至于浪费大量的时间、精力和费用，同时又能够得到图书馆所需要的各类人才。

（二）图书馆员甄选聘用的途径

图书馆进行人员选拔与聘用通常有两种途径：一种是对图书馆内部的员工进行选拔；另一种就是对社会成员进行公开招聘。

（1）内部选拔

内部选拔是指从馆内已有的人员中进行选拔提升。一般要求在组织中建立起详尽的人员工作表现的调查登记材料，以此为基础建立数据库，以便在职位出现空缺时，能够据此进行分析研究，从而从中选出符合要求的人员。

在图书馆内部选拔人才有以下几个优点：一是由于对图书馆内人员比较了解，

可以通过充分和可靠的人事管理资料进行分析与比较；二是被提升的组织内部成员对图书馆组织运行的状况以及现存的问题比较了解，能够比较快地适应岗位要求；三是通过对图书馆内部成员的选拔，可以使广大员工看到工作的希望和前途，增强自信心，鼓舞士气，并使其保持良好的工作热情；四是可以使图书馆快速获得员工对图书馆业务培训的回报。

但从内部选拔人才也有可能产生一些弊端：首先，由于组织成员已经形成了长期的思维定式，难以产生新的观念和行为，因而此举不利于图书馆组织的发展与创新；其次，如果图书馆工作岗位所需人员的缺口比较大，而又一味坚持从图书馆内部选拔人才，就有可能导致不适合图书馆岗位要求的工作人员上岗，这样不仅使图书馆失去了获得一流专业人才的机会，也会对图书馆组织的发展形成阻力。

（2）外部招聘

外部招聘是指从图书馆以外的途径来获得人才。外部招聘的渠道很多，例如广告、职业中介、学校、图书馆员工的推荐等。

要使外部招聘得以有效地实施，就必须将图书馆空缺岗位的相关情况事先告知应聘者，例如岗位的性质和要求、工作环境的现状和前景、报酬以及福利待遇等。图书馆外部招聘的优缺点恰好与内部选拔互补。

对外招聘的主要优点是：有较广泛的人才来源来满足图书馆的需求，并有可能招聘到一流的人才，为图书馆带来新的思想和方法，为图书馆补充新鲜血液。由于大部分应聘者都具有一定的理论知识和实践经验，因而可以节省在培训方面所耗费的大量时间和费用。

但它也存在不足：如果图书馆中有胜任的人未被选用，采取外部招聘的方法可能会使这部分人才感到不公平，可能会产生与应聘者不合作的态度，同时会使其士气和积极性受到打击。应聘者对图书馆的历史和现状不了解，需要有一个了解和熟悉的过程。由于对应聘者的实际工作能力并不十分了解，因而在招聘过程中不可避免地会过分关注其学历、文凭等。

总而言之，无论是内部选拔还是外部招聘，都各有长处和不足，都不是十全十美的甄选聘用的方法。但在实际工作中，我们可以遵循一般的规律。

例如，当图书馆内有适合该空缺岗位要求的人选时，应首先从内部进行选拔。当空缺的岗位是图书馆内的关键职位，而图书馆内部又无人可胜任时，就应该从外部招聘。这两种方法应该结合使用，从外部招聘进来的人员应该从基本工作做起，然后根据其表现来进行适当的提升。

(三) 图书馆员甄选聘用的程序与方法

图书馆员甄选与聘用的流程可根据图书馆的规模和性质以及岗位的要求来进行设计。首先应从岗位的需要出发进行工作分析。

确定某项专业工作所需人才的业务水平的目的是确认甄选的标准，是识别最佳人选的前提。例如，选择担任文献采选人员、编目人员、咨询课题主持人与计算机管理系统设计人员时，对他们的要求是有区别的。外语水平与知识广度是外文采选工作的基本要求，编目人员必须要有系统的图书情报专业知识，而专题咨询与计算机管理系统设计人员则需要较深厚的专业理论基础。同时，也要考察工作对候选人的个性特长的要求等，然后针对这些要求设计甄选的方式，如问卷调查还是进行面试等。通过对候选人的甄选，决定其是否被录用，以及被任用至何种岗位。设计甄选与聘用活动的程序时应考虑到实施过程中相关因素的影响，例如时间、费用、甄选的难易程度以及实际意义等。

图书馆员甄选聘用的方法主要有笔试和面试。

（1）笔试

其中笔试可以通过各种测验来对以下内容进行考察分析：首先，智力测验。目的是衡量候选人的记忆力、观察力等。主要是考察候选人在继续学习上的能力，同时也对候选人有个基本的了解。其次，专业测验。目的是测验候选人所具有的专业技能，以及进一步掌握技能的潜力和能力。例如对参考咨询人员的测验，就应该考察其在咨询工具的操作方面的能力，以及对信息的检索分析处理方面的能力等。再次，性格测验。目的是衡量候选人在性格上的特征。在图书馆的参考咨询中，十分强调与读者的沟通交流能力，若候选人在个性上不够耐心，沟通上欠缺技巧，就不符合该岗位的要求。最后，领导能力测验。目的是衡量候选人在领导能力方面的表现，以及在这方面的潜能。若待聘职位是关键的领导岗位或者是该类岗位的储备人员，就特别应该强调候选人在这方面的能力。

（2）面试

面试则是一种要求候选人口头回答主试提问，以便了解候选人的素质和潜能的甄选方法。面谈的优点是直接简便，可以快速淘汰那些明显不合格的候选人，但同时这种方式也很容易受到候选人表象的影响。

由于很多图书馆没有实施现代人力资源管理制度，招聘选用人才时没有采取科学的方法，面试往往只是走过场，所以负责甄选人才的人员不能从中得到有价值的所需要的候选人的相关资料。

在美国，高校图书馆的招聘面试工作主要采取多层次系列面试的方法。根据职务的档次高低，招聘单位一般安排在不同的时间邀请3~5名应聘者来学校图书馆参加为时1~3天的面试。申请馆长职务的应聘人，必须经历校长、校务委员会成员、图书馆部主任及图书馆工作人员对其进行的多层次的面试过程，时间为2~3天。

申请图书馆部主任职务的应聘人，需接受馆长、图书馆管理委员会以及部门的工作人员对其进行的面试过程，时间一般需要1~2天。申请图书馆一般工作人员职务的应聘人，需经历图书馆管理委员会、招聘部门的部主任及有关的工作人员共同参加的面试过程，一般需要0.5~1天的时间。

面试的重点，一是了解候选人的工作能力，可以通过询问其以往的工作经历、经验来判断其是否适合该岗位要求；二是了解候选人的性格特点，观察其应变能力等因素；三是了解候选人的求职动机。如有的人工作态度不端正，应该在面试时充分了解考察，早做判断。

总之，图书馆员甄选任用的方式并不是孤立的，而是根据实际需要灵活选用。在实际工作中，若是从内部选拔人才，对其个人情况都比较了解，可以根据岗位的要求重点考察某方面的能力，而对于从外部招聘的人才，则需采用多种方式来进行全方位的考察。

三、图书馆人力资源管理和开发的方法

人力资源开发是人力资源管理的核心内容。人力资源开发的本意是指对人的才能进行开发，在现代管理学中，人力资源开发就是把人的智慧、知识、经验、技能、创造性、积极性当作一种资源加以发掘、培养、发展和利用，以提高人的才能和增强人的活力。

图书馆人力资源开发就是通过对图书馆员进行有计划的人力资本投资，采取教育、培训等有效形式，充分挖掘图书馆员的智慧、知识、经验、技能和创造性，积极调动图书馆人力资源的工作积极性和潜在发展能力的过程，目的在于促进图书馆员的个人发展，提高图书馆员的才能和增强其活力，以保证图书馆各项目标的实现。

（一）我国图书馆人力资源开发的现状

目前我国图书馆的人力资源开发存在一些问题，还没有建立起规范、合理的相关制度，图书馆员的潜能释放受到很多因素的制约和影响。其主要表现在以下几个方面。

第一，人本管理思想的缺失制约了图书馆员潜能的开发。近年来很多图书馆学专家都强调"以人为本"的管理方法，但在实践中往往得不到贯彻执行。强调管理监督功能的图书馆管理方法，暗示了对员工的不信任，在某种程度上挫伤了图书馆员的积极性。同时，管理层还认为员工工作的最终目的是经济利益，他们

一旦获得学习的机会，更多地考虑是个人目的。从这个角度出发而形成的图书馆文化，显然是不利于员工的个人发展的，其潜能也得不到重视。

第二，传统图书馆管理理念导致图书馆员的潜能低层次释放。图书馆的传统服务形式是一种消极等待的被动服务，而图书馆员也只是作为文献资料的保管员和传递员来开展工作。在图书馆的管理活动中忽视了图书馆员的个性特长，忽视个人所具有的潜能，把图书馆员的潜能定位在低度释放的范围内，这种低要求、浅层次的能量转换，非但不能创造出图书馆服务工作的高绩效，反而制约了馆员正常能力的有效发挥，更谈不上潜能的最大释放了。

第三，封闭式的管理机制束缚了馆员的潜能释放。人们没有从社会发展的角度去清醒地认识图书馆组织的社会地位和作用，而且在图书馆工作部门的设置上按照线性作业流程和工作环节进行架构，实现部门的管理职能。

这种线性发展的组织结构造成了对外与社会需求严重脱节，对内只突出了行政管理上的领导与被领导关系，而没有形成业务上的指导与被指导的关系，束缚了图书馆员的个人发展，同时也制约了图书馆的可持续发展。由于缺乏互相沟通和联系，无法实现工作任务的互换，从而使图书馆员长期从事简单重复的工作，缺乏挑战性和危机感，处于缺少竞争力的消极被动状态之中。

为了改变这种落后的人力资源管理面貌，就需要加大改革力度，开发图书馆人力资源，提高图书馆管理效率，激发图书馆工作人员的才能和活力，使之不断焕发出工作激情。

（二）图书馆人力资源开发的意义

第一，人力资源开发是图书馆适应社会进步和技术发展的重要措施。社会的进步是推动图书馆事业发展的强大动力，而技术的进步又是图书馆增强生命力和长远发展的重要手段。技术的推动常常会掀起一阵学习的浪潮，原有的挑战压力依然存在，而我们手中的工具已经改变，我们必须学会使用它们。图书馆员必须不断更新知识和技能。知识要通过学习和实践来获得，技能要通过在实践中勤学苦练来形成。

因此，对图书馆人力资源的智力开发和职业技术开发、人力资源管理政策的开发以及使用性开发都成为图书馆人力资源管理和开发的主要内容，成为系统化的管理工程。

第二，人力资源开发可以提高图书馆工作人员的素质，改善图书馆服务的质量，提高图书馆工作的效率和社会效益。

第三，人力资源开发是图书馆获得竞争力的关键。目前社会上出现了很多提供与图书馆业务类似的服务的机构，同时网络的迅速发展普及，使图书馆不再是人们获得所需信息的唯一途径。要保持并提高自身的地位，图书馆就必须重视开发人力资源，只有如此才能获得长期发展的竞争力。

第四，人力资源开发还是促进馆员发挥潜能的有效途径。通过培训等有效的继续教育方式，使图书馆员的个性和特长得到进一步的发挥，真正落实"以人为本"的管理思想，馆员的个人发展得到管理层的理解和重视，使他们感受到来自工作中的自我实现成就感，就能够极大地改善图书馆的工作氛围，从而使图书馆和馆员自身实现"双赢"。

（三）图书馆人力资源开发的内容和方式

有学者认为，图书馆人力资源开发的内容应包括能力的开发和精神的开发。能力开发，指体能与智力的开发。精神开发，指人力资源的政治观念、职业道德、敬业精神、合作意识等属于组织文化内涵方面的开发。

具体包括：启发调动人力资源已有的体能和智能。在原有能力的基础上，进一步培养、训练和提高人力资源的能力，特别是智能营造图书馆的组织文化，提高图书馆员的思想素质水平，培养图书馆员应有的价值观、敬业精神。采取各种措施充分调动图书馆员的工作积极性、自觉性和创造性，改进工作绩效。合理配置、使用图书馆的人力资源，根据个人的才能特点，将之置于恰当的岗位，做到"人尽其才"。

根据人力资源的特点以及现代人力资源开发理论，我们可以把开发活动划分为三个层次。

（1）培养性开发

图书馆人力资源培养性开发主要指以教育培训的方式来进行开发，它包括馆员知识的更新、技能的扩展、素质的提高。在新的网络环境和社会环境下，图书馆员应成为咨询专家、知识导航员，这是图书馆员专业性的体现。根据这种社会需求，应通过对图书馆员的继续教育与培训提高其工作技能和自身素质。

（2）使用性开发

实际上，使用性开发是对图书馆员激励的一种手段。其内容主要是量才为用、职务晋升。图书馆人力资源使用性开发的关键是用人。

我们主张在充分考察图书馆员个人的专业、学历、特长、技能、发展方向和个性的基础上，为其提供更具挑战性的工作任务。图书馆员在工作实践过程中，将不断学习新的技能、积累新的经验、获取新的管理方法，这实际上也是对自身能力的一种挖掘与开发。图书馆在做出这样的工作设计时，不仅使本馆的人力资源得到充分利用，同时也使馆员得到了个人的发展。此外，增加员工岗位轮换也不失为一种有效地开发方式。

图书馆员如果长期在同一个岗位工作，容易满足现状而产生惰性，甚至对工作产生心理疲劳。通过岗位轮换，使员工有更多的机会了解、熟悉并从事图书馆内一系列相关工作，扩大视野。同时也能使员工对工作产生新鲜感，增强学习新知识和掌握新技能的兴趣，有利于更新知识结构和培养一专多能的复合型人才，促进图书馆事业的不断发展。

但目前一些图书馆考虑到岗位轮换将要付出的培训费用，往往忽视馆员渴望新的工作任务和新的挑战的心理，不鼓励馆员在馆内的工作岗位轮换，导致了工作效率低的后果。作为图书馆的管理层，应该避免这种"短视病"。

(3) 政策性开发

人力资源政策性开发是指通过制定符合人才成长规律和人力资源管理原理的一系列调整政策，变革管理体制，充分运用激励机制等手段，促进人才的不断涌现。目前部分图书馆没有形成相关的制度与政策，缺乏对人力资源开发管理的长期规划，对于馆员的开发和聘任等仍主要是遵从上级部门的分配，随意性大，岗位设置与人员结构不合理，造成了一定程度的浪费。

对于图书馆人力资源的政策性开发，管理者要做的是制定一套尊重馆员个人发展需要的规章制度，保障馆员的科学培训和合理使用。国内一些具备领先意识的图书馆就制订了这方面的规章制度。

(四) 图书馆组织文化创建

现代社会的发展是复杂多变的，而图书馆要在这样的一种环境下实现对本馆人力资源的充分开发，途径是多种多样的，所需实现的目标可能也是宽泛的。但是，为了应对突发事件，图书馆应有一个约束组织内全体成员行为的价值体系。这个体系是处于图书馆管理制度以外的，由这一体系所体现出来的就是组织文化，它能够使图书馆员在图书馆组织文化的影响下，朝着整体目标调整和改变其行为。图书馆需要创建符合自身目标价值的组织文化。

由于图书馆组织文化具备导向、凝聚和约束等功能，其主要目的是达成组织的效能。因此，在构建图书馆组织文化时，应该注意弘扬传统图书馆文化中的精髓，例如，奉献精神、推崇智慧等，也要切实培育"以人为本"的文化，不仅应对读者发扬人文关怀的精神，对馆员也要关心爱护。

同时，值得注意的是，倡导学习精神和创新精神更是在网络环境下图书馆组织文化所最应关注的课题。随着社会对个人的学习能力提出的要求越来越高，图书馆员所应具备的知识技能和业务技能也应随之提高，这样才不会遭到社会的淘汰。而在这种多变的网络环境下，一个组织若没有足够的应对变化的智慧和能力，没有创新的精神，就是没有生命力的组织。图书馆应该在创建组织文化的过程当中注意倡导创新精神，对在事业上有所创新的馆员应该及时进行鼓励。

创建图书馆组织文化的方式有多种，例如通过提高对教育培训的重视程度，加大对教育培训的经费投入，就是对学习精神的一种提倡。当然，通过系统的制度来反映图书馆对某种文化的倡导也不失为一种有效的途径。例如对工作提出新的建议和改进意见的员工，图书馆应该进行肯定与奖励。当然，通过开展一些集体活动来强化图书馆组织认同的价值观，也是创建组织文化的方式之一。

总之，图书馆的组织文化能够促进人力资源的系统开发，能对图书馆员的行为和思想产生规范和协调作用，使图书馆的人力资源能够得到充分利用，从而提升图书馆组织的社会效益和经济效益。

第二节　图书馆财力资源管理的实施

一、图书馆财务管理环境分析

财务管理环境是图书馆财力资源管理（亦称图书馆财务管理）赖以生存的土壤，是图书馆开展财务管理的舞台。图书馆进行财务决策、制定财务策略都离不开对财务管理环境的研究。

（一）图书馆财务管理环境的概念与分类

（1）图书馆财务管理环境的概念

从系统论的观点来看，所谓环境就是存在于研究系统之外的，对研究系统有影响的总和。如果把图书馆财务管理作为一个系统，那么，图书馆财务管理以外的，对图书馆财务管理系统有影响作用的总和便构成图书馆财务管理的环境。财务管理环境，是指对图书馆财务活动和财务管理产生影响作用的图书馆内外的各种条件。

图书馆的财务活动是受财务管理环境制约的。图书馆内外的各种因素对图书馆财务活动都有重要影响。也就是说，图书馆只有在财务管理环境的各种因素作用下实现财务活动的协调平衡，才能生存和发展。

（2）图书馆财务管理环境的分类

按照不同的标准可以对图书馆的财务管理环境进行不同的分类。

按照图书馆财务管理环境的范围，可将其分为宏观财务管理环境和微观财务管理环境。宏观财务管理环境是指在宏观范围内普遍作用于各个部门、地区的各类图书馆的财务管理的各种条件，通常存在于图书馆的外部。图书馆是整个社会经济体系的一个细胞，整个社会是图书馆赖以生存的土壤，无论社会经济状况的变化、市场的变动，还是政策法律的调整、国际经济形势的变化等，都会对图书馆财务活动产生直接或间接的作用。

微观财务管理环境是指在某种特定范围内对图书馆财务活动产生重要影响的各种条件。这种微观环境通常与某些图书馆的内部条件直接或间接有关，从而决定着某种或某类图书馆所面临的特殊问题。图书馆的财务活动状况和成果同图书馆的组织结构、经营活动和管理工作有着联系，离开这些内部条件的制约，想搞好图书馆财务工作是不可能的。

按照图书馆财务管理环境的稳定性，可将其分为相对稳定的财务管理环境和显著变动的财务管理环境。图书馆的财务管理环境总的说来不是一成不变的，但有些财务管理环境一般变化不大，如图书馆的地理环境、根本宗旨、国家产业政策等。对这些条件一旦认清以后，如无特殊情况，在进行财务管理活动时，可作为已知条件或不变动因素来对待。

然而，有些财务管理环境往往处于显著变动状态，对图书馆的财务状况有重要的影响，如文献价格、资金供求状况、国家的调资政策等。在进行财务活动时，一定要及时观察和发现其变动的苗头，分析其变动的趋向和影响，做出准确的预测和决策。

（二）图书馆财务管理环境

（1）图书馆财务管理的经济环境

图书馆财务管理的经济环境是指影响图书馆财务管理的各种经济因素，主要包括经济周期和经济发展水平。

市场经济条件下，经济发展与运行带有一定的波动性。这种波动大体上经历复苏、繁荣、衰退和萧条几个阶段的循环，这种循环叫作经济周期。图书馆的筹资、投资和资产运营等理财活动都要受这种经济波动的影响。

自改革开放以来，我国的国民生产总值增长较快，各项建设方兴未艾。国家制定了产业政策并调整了地区经济发展布局，确定了国民经济各部门的发展任务，确立了沿海、内陆以及少数民族地区的发展规划。然而，由于各种因素的制约，不同地区的经济发展水平差距很大，栖身于不同地区的图书馆必定会受本地经济发展水平的影响，这种影响往往最突出地体现在图书馆的筹资等理财活动方面。

（2）图书馆财务管理的政法环境

图书馆财务管理的政法环境是指图书馆与其内外相关主体发生经济关系时所应遵守的各种政策、法律、法规和规章。图书馆在其运作过程中，往往要和国家、出版社、书店、企业、社会组织、图书馆职工和读者，以及国外的组织或个人发生经济关系。图书馆的理财活动，无论是筹资、投资还是利益分配，都有可能和上述主体发生经济关系。

政策和法律为图书馆理财活动规定了活动空间，也为图书馆在相应空间内自由运作提供了强有力的保护。譬如，《文化事业单位财务制度》《行政事业单位会计决算报告制度》《行政事业单位国有资产管理办法》《财政部关于事业单位预算编报和核批有关问题的通知》《行政事业单位预算外资金银行账户管理的规定》《事业单位会计准则》《事业单位会计制度》《国务院关于支持文化事业发展若干经济政策的通知》《全国文化设施维修专项补助经费和全国万里边疆文化长廊专项补助经费管理办法》《关于宣传文化单位所得税政策的通知》《国务院关于对宣传文化单位实行财税优惠政策有关问题的批复》国务院关于进一步完善文化经济政策的若干规定等政策或法律就是图书馆理财活动的准绳和尺度。

二、图书馆财力资源管理的基本内容

图书馆财力资源管理所研究的是资金的分配筹集，使用及经费支出是否符合预算，是否有利于促进图书馆事业发展的问题。一般来说，图书馆财力资源管理包括下列内容。

（一）图书馆预算管理

图书馆预算是图书馆根据事业发展计划和任务编制的年度财务收支计划。图书馆预算由收入预算和支出预算组成。

图书馆的收入预算分为财政补助收入和非财政补助收入两个部分。内容包括财政补助收入、上级补助收入、事业收入、经营收入、附属单位上缴收入、其他收入和拨入专款等项内容。图书馆的支出预算包括事业支出、经营支出、基本建设支出、对附属单位补助支出和上缴上级支出等项内容。

目前，国家对文化事业单位实行核定收支、定额或者定项补助、超支不补、结余留用的预算管理办法。图书馆也不例外。

图书馆预算的编制应遵循下列原则：根据国家有关方针政策、法规制度和文化事业计划编制单位预算。坚持实事求是的原则，既要考虑单位的需要，又要考虑国家的财政能力，保证重点，兼顾一般。坚持以收定支、收支平衡的原则，图书馆预算应自求平衡。坚持艰苦奋斗、勤俭节约的原则，挖掘内部潜力，努力增收节支，提高资金使用效益。坚持完整性和统一性原则，图书馆必须将全部财务收支项目在预算中予以反映，并按照国家预算表格和统一的口径、程序及计算依据编制单位预算。

图书馆编制预算的方法主要有两种类型：变量预算法和零基预算法。变量预算法是图书馆编制预算最普遍的方法，是以当年预算的具体数字为基础，根据实际执行情况和计划期各项业务的可能增减变动情况来确定下一年度预算比上年预算的增减变动额。

因为这种预算方法是以现行预算为基础并预测变动量来编制的,所以也称为"增量预算法"或"减量预算法"。与变量预算法截然不同,零基预算法对于图书馆任何一个预算期,任何一种费用项目的开支数,不是从现有的基础出发,也不考虑目前的费用开支水平。而是一切从零出发,以零为起点,即以无费用、无服务、无成本、无收益作为预算的起点,从根本上考虑各费用项目的必要性与规模。

(二) 图书馆收入管理

图书馆收入是指图书馆为开展业务及其他活动依法取得的非偿还性资金。

(1) 财政补助收入

即图书馆通过主管部门、上级单位或直接从财政部门取得的文化事业费,含经常性经费和专项资金。

(2) 上级补助收入

即图书馆从主管部门或上级单位取得的各种非财政补助收入。

(3) 事业收入

即图书馆开展专业业务活动及其辅助活动取得的收入,其中,按照国家有关规定应当上缴财政纳入预算的资金和应当缴入财政专户的预算外资金,不计入事业收入;从财政专户核拨的预算外资金和部分经核准不上缴财政专户管理的预算外资金,计入事业收入。

(4) 经营收入

即图书馆在专业业务活动及其辅助活动之外开展非独立核算经营活动取得的收入。

(5) 附属单位的上缴收入

即图书馆的附属独立核算单位按照有关规定上缴的收入。

(6) 其他收入

即上述规定范围以外的各项收入,包括投资收入、利息收入、捐赠收入等。

图书馆收入管理应符合以下要求:①图书馆应当在国家政策允许的范围内合法组织收入;②坚持把社会效益放在首位,同时注重经济效益;③必须使用财税部门统一印制的票据,并建立健全各种专用收款收据、销售发票、门票等票据的管理制度;④必须严格执行国家批准的收费项目和收费标准,不得擅自设立收费项目,自定收费标准;⑤应按规定加强账户的统一管理,收入要及时入账,防止流失;⑥图书馆的各项收入必须纳入单位预算,统一核算,统一管理。

(三) 图书馆支出管理

图书馆支出是图书馆开展业务及其他活动发生的资金耗费和损失。

（1）事业支出

即图书馆开展专业业务活动及其辅助活动发生的支出，包括基本工资、其他工资、补助工资、职工福利费、社会保障费、公务费、业务费、设备购置费、修缮费和其他费用。

（2）经营支出

即图书馆在专业业务活动及其辅助活动之外开展非独立核算经营活动发生的支出。

（3）自筹基本建设支出

即图书馆利用财政补助收入以外的资金安排自筹基本建设发生的支出。

（4）对附属单位补助支出

即图书馆用财政补助收入之外的收入对附属单位补助发生的支出。

（5）上缴上级支出

即实行收入上缴办法的图书馆按照规定的定额或者比例上缴上级单位的支出。

图书馆支出管理的要求如下。

图书馆在开展非独立核算经营活动中，应当正确归集实际发生的各项费用数，不能归集的，应当按照规定的比例合理分摊。经营支出应与经营收入配比。

图书馆应当建立健全支出管理制度。各项支出在单位负责人的领导下，由单位财务部门在财政部门和主管部门核定的预算指标之内统一掌握使用。各业务部门的开支，应事先提出使用计划交财务部门审核后执行。

图书馆应严格执行国家规定的开支范围及开支标准，没有统一规定的，由图书馆做出规定，报主管部门和财政部门备案。

图书馆从财政部门和主管部门取得的有指定项目和用途并且要求独立核算的专项资金，应当按照要求定期向财政部门和主管部门报告专项资金使用情况。项目完成后，应当报送专项资金支出决算和使用效果的书面报告，接受财政部门和主管部门的检查和验收。

为了加强支出管理，提高经济核算水平，有条件的图书馆应当根据开展业务及其他活动的实际需要，实行内部成本核算办法。

(四) 图书馆资产管理

图书馆资产是指图书馆占有或者使用的能以货币计量的经济资源，包括各种财产、债权和其他权利，具体是指：一是流动资产，是指可以在一年内变现或者耗用的资产，包括现金、各种存款、应收款项、预付款项和存货等。二是固定资产，是指一般设备单位价值在500元以上，专用设备单位价值在800元以上，使用期限在一年以上，并且在使用过程中基本保持原有实物形态的资产。单位价值虽未达到规定标准，但耐用时间在一年以上的大批同类物资，也作为固定资产管理。图书馆固定资产一般分为六类：房屋、建筑物、专用设备、一般设备、文物、陈列品、图书、其他固定资产。三是无形资产，是指不具有实物形态而能为使用者提供某种权利的资产，如专利权、商标权、著作权、土地使用权、非专利技术、商誉以及其他财产权利等。

对于不同类型的图书馆资产，应分别采取不同的管理办法。以图书馆固定资产为例，应遵循如下管理规定。①建立健全固定资产管理制度。加强固定资产维护和保养，制定操作规程，建立技术档案和使用情况报告制度。②购建和调入的固定资产。由图书馆财产物资管理部门负责验收，图书馆财务部门参与验收。购进贵重仪器等专业设备和新建的房屋及建筑物竣工时，应有专业技术人员参加验收。经验收后的固定资产要及时入账并交付使用。③接受捐赠的固定资产。应按市场价格和新旧程度估价入账，或根据捐赠时提供的有关凭据确定固定资产的价值。接受捐赠固定资产时发生的各项费用，计入固定资产原值。④图书馆固定资产报废和转让。一般经本单位行政领导批准后核销。大型、精密贵重设备、仪器报废和转让，应当经过有关部门鉴定，报主管部门或财政部门、国有资产管理机构批准。具体审批权由同级财政部门会同国有资产管理机构规定。⑤固定资产的变价收入。除国家另有规定者外转入修购基金。⑥图书馆应当定期或者不定期对固定资产清查盘点。年终前必须进行一次全面的清查盘点，做到账、卡、物相符。对于盘盈、盘亏的固定资产应及时按规定处理。

三、图书馆财力资源管理的方法

图书馆财力资源管理的技术方法是图书馆达到财务管理目标，完成财务管理任务的重要手段，也是图书馆财务人员从事财务工作的基本技能。图书馆理财活动中，运用着一系列的技术方法，它们共同形成了一整套科学、完善的财务管理方法体系。

根据我国传统的财务管理理论，财务管理包括财务预测、财务决策、财务计划、财务控制及财务分析五个环节。与此相应，图书馆财务管理方法体系也主要由相互联系的财务预测方法、财务决策方法、财务计划方法、财务控制方法及财务分析方法组成。

（一）图书馆财务预测方法

财务预测是图书馆财务人员根据历史资料，依据现实条件，运用特定方法，对图书馆未来的财务活动和财务成果所做出的科学预计和测算。财务预测是财务决策的基础，是图书馆编制财务计划的前提，是图书馆日常财务活动的必要条件。

图书馆财务预测工作一般包括如下几个步骤：确定预测对象和目标，制定预测计划，收集、整理相关的信息资料，选择特定的预测方法进行实际预测，对初步的预测结论进行分析评价及修正，得出最终预测结果。

图书馆财务管理中常用的预测方法可分为定性预测法和定量预测法两种类型。定性预测法亦称非数量预测法，一般是在缺乏完备、准确的历史资料的情况下，由图书馆领导、财务主管及其他有关专家根据过去积累的经验，利用直观资料，依据个人的主观判断能力及综合分析能力，对图书馆财务的未来状况和趋势做出预测的一种方法。定性预测法又可分为意见交换法、类推预测法、理论推定法、专家调查法和德尔菲法等。

定量预测法亦称数量预测法，是运用现代数学方法对历史数据进行科学的加工处理，充分揭示各有关变量之间的规律性联系，建立经济数学模型来进行预测的方法。定量预测法又可分为因果预测法和趋势预测法两种类型。

（二）图书馆财务决策方法

财务决策是指财务人员在财务目标的总体要求下，从若干个可供选择的财务活动方案中选择最优方案的过程。当然，在可供选择的财务活动方案只有一个，是决定是否采纳这个方案也属于财务决策。财务决策是财务管理的核心，直接关系到图书馆财务管理的质量。

图书馆财务决策一般包括以下几个步骤：一是根据财务预测的信息提出问题。二是根据有关信息制定解决问题的若干备选方案。三是分析、评价、对比各种方案。四是拟定择优标准，选择最优方案。图书馆财务决策常用的方法有优选对比法、数学微分法、线性规划法、概率决策法、损益决策法等。

（三）图书馆财务计划方

法财务计划是在一定的时期内以货币形式反映图书馆业务及经营活动所需的资金来源、财务收入和支出、结余及其分配的计划。财务计划是图书馆根据本单位的业务工作安排及定额定员等标准，以财务预测提供的信息和财务决策确立的方案为基础来编制的，是财务预测和财务决策的具体化，也是控制图书馆财务活动的基本依据。图书馆预算、预算外资金收支计划、经营收支计划等都是图书馆的财务计划。

图书馆财务计划的编制过程一般包括如下几个环节：首先，根据财务决策的要求，分析主客观条件，全面安排计划指标。其次，对需要与可能进行协调，实现综合平衡。最后，调整各种指标，编制出计划表格。图书馆财务计划的编制过程，实际上就是确定计划指标并对其进行综合平衡的过程。编制图书馆财务计划的方法主要有平衡法、因素法、比例法、定额法等。

（四）图书馆财务控制方法

财务控制是指在财务管理过程中，利用有关信息和特定手段，对图书馆的财务活动施加影响或调节，以便实现计划所规定的财务目标。

财务目标是图书馆财务活动的出发点和归宿，是财务管理的行为导向，对图书馆财务活动进行管理和控制正是为了实现一定的目标。财务控制作为一种经济调控行为，其调节过程一般包括制定目标、分解目标、实施调控、衡量效果、纠正偏差几个步骤。常见的图书馆财务控制方法如下。

（1）防护性控制

称排除干扰控制，是指在图书馆财务活动发生前就制定一系列制度和规定，把可能产生的差异予以排除的一种控制方法。在图书馆财务管理中，各项事先制定的标准、制度、规定都可以看作是排除干扰的方法，这是最彻底的控制方法，也是图书馆财务管理中最常用、最重要的控制方法。

（2）前馈性控制

又称补偿干扰控制，是指通过对图书馆财务系统实际运行的监视，运用科学方法预测可能出现的偏差，采取一定措施，使差异得以消除的一种控制方法。例如，为了控制图书馆支付能力，保证图书馆各项业务的顺利开展，要密切注意图书馆流动资金（周转金）的数量，当预测到流动资金数量不足，可能影响以后各项业务活动的顺利进行时，就应采取措施，严格控制并合理安排资金支出，以保证图书馆有足够的支付能力。在图书馆财务管理过程中，前馈性控制是一种比较好的控制方法。它便于各图书馆及时发现问题，并及时采取措施解决问题，尽量避免出现大的失误。但是，采用这种方法要求掌握大量信息，并要进行准确的预测，只有这样，才能达到控制目的。

（3）反馈性控制

又称平衡偏差控制，是在认真分析的基础上，发现实际与计划之间的差异，分析差异产生的原因，采取切实有效的措施，调整实际财务活动或调整财务计划，使差异得以消除或避免今后出现类似差异的一种控制方法。

反馈性控制是根据实际偏差来进行调节的，属于事后控制，在平衡与调节的过程中，由于时滞的存在，又可能导致新的偏差。但这种控制方法运用起来比较方便，一般不需要太多的信息。因此，这种方法在图书馆财务管理中得到广泛地运用，特别是当干扰不能预计或发生很频繁时，它是一种典型的财务控制方法。

（五）图书馆财务分析方法

财务分析是根据有关信息资料，运用特定方法，对图书馆财务活动过程及其结果进行总结和评价的一项工作。通过财务分析，可以掌握图书馆各项财务计划指标的完成情况，评价图书馆财务状况，衡量图书馆工作绩效，研究和掌握图书馆财务活动的规律性，改善图书馆财务预测、决策、计划和控制，提高图书馆财务管理水平，促进图书馆财务管理目标的实现。

图书馆财务分析过程一般包括如下几个阶段：确定题目，明确目标，收集资料，掌握情况，运用方法，揭示问题，提出措施，改进工作。图书馆财务分析方法主要有两种。

（1）比较分析法

即比较两个相关的财务数据，来揭示财务数据之间的相互关系，分析图书馆财务活动的一种方法。它通常采用三种方式来进行比较：一是将分析期的实际数据与同期计划数进行对比，确定实际与计划之间的差异，据此考核财务指标计划完成情况。二是将分析期的实际数据与前期数据进行比较，确定本期与前期之间的差异，据此考核图书馆的发展情况，预测图书馆财务活动的未来发展趋势。三是将分析期的实际数据与同行业平均指标或先进图书馆指标进行对比，确定本单位与同行业平均水平或先进水平之间的差异，据此找出原因，改进工作。

（2）比率分析法

即把某些彼此相关联的指标以比率的形式加以对比，据以确定图书馆经济活动变动程度，揭示图书馆财务状况的一种分析方法。在图书馆财务分析中，常用的比率有以下两类。

1.构成比率

又称结构比率，它是某项经济指标的各个组成部分与总体的比例。通过构成比率，可分析指标构成内容的变化，从而掌握该项财务活动的特点与变化趋势，考察图书馆经济活动的结构是否合理。例如，通过计算图书馆各项支出在支出总额中所占的比重，可分析图书馆行政性支出与业务性支出之间、维持性支出与发展性支出之间、重点性支出与一般性支出之间的比例是否恰当，支出结构是否合理。

2.动态比率

即将某项指标的不同时期的数值相比而求出的比率。它反映的是同一财务指标在不同时期状态下的对比关系，说明的是图书馆财务活动在时间上的发展和变化程度。通过动态比率，可分析图书馆财务活动及相关指标的发展方向及增减速度。例如，经营收入增长率=（当年经营收入/上年经营收入-1）×100%。

第三节 图书馆知识管理的实施

一、图书馆知识管理的内涵

知识管理是知识经济时代的一种全新的管理。19世纪末20世纪初，泰罗制科学管理以来的一次最伟大而深刻的革命，是信息化和知识化浪潮的产物。知识管理产生于知识型企业的管理实践并已得到了成功地验证，正在成为世界范围内企业管理的新趋势。图书馆作为知识的宝库，有必要及时研究和借鉴知识管理的经验，不断改进现有工作，与时代前进的步伐保持一致。

"知识管理"一词是于20世纪90年代初，美国麻省莱克星顿著名的恩图维星国际咨询公司首次提出的，但至今仍未有一个公认的明确定义。其中较具代表性的观点如下。

英国加特纳集团公司认为，知识管理是为了发现、管理和分享企业信息资产所提供的一条综合途径，这些信息资产包括数据库、文献、策略、程序和未成文的存在于员工中的技能与经验。

戴维·沙凯米认为，知识管理是对虚拟知识及其创造、收集、组织、传播、利用与宣传等相关过程的系统管理，它要求将个人知识转变为某个组织可以广泛共享与适当利用的团体知识。

美国德尔集团创始人之一卡尔·弗拉保罗从知识管理的目的出发，认为知识管理就是运用集体的智慧提高应变和创新能力，是为企业实现显性知识和隐性知识共享所提供的新途径。

约吉斯·马尔霍特拉认为，知识管理是当企业面对日益增长的非连续性的环境变化时，针对组织的适应性、组织的生存和竞争能力等重要方面的一种迎合措施。本质上它包含了组织的发展进程，并寻求将信息技术所提供的对数据和信息的处理能力以及人的发明创造能力这两方面进行有机的结合。

金吾伦认为，知识管理就是通过知识共享，运用集体的智慧提高应变和创新能力，并为提高竞争力而对知识进行识别、获取和发挥其作用的组织运作过程。

还有人认为，知识管理就是以知识为核心的管理，它是指对各种知识的连续管理的过程，以满足现有和未来的需要，以确认和利用已获取的知识资产，开拓新的机会。

显然，人们对知识管理的看法是"仁者见仁，智者见智"。而且，多数观点都以企业为立足点。其实，知识管理是一种普适性很强的管理理论和方法。

(一) 知识是图书馆生存的基础，是图书馆职能的永恒主题

图书馆从它诞生时起就以保存和传递文化知识为目的。无论记录知识的载体是竹帛、纸张还是胶片、光盘，图书馆在几千年的时代变迁中能够生存发展靠的是它保存着凝聚古今中外人们的智慧所创造的知识。这些文化知识是人类共同的精神财富，也是图书馆赖以生存的依托和基础。正是由于图书馆保存着人类共同的文化知识遗产，才能成为人们共同学习和交流的场所，它的社会性、科学性、教育性和服务性才具有稳固的根基。

从纸和印刷术的发明，电子计算机与现代通信网络技术的推广应用，图书馆经历了一次次的变革与挑战，并引发了图书馆职能的不断拓展与强化，但保存人类科学文化知识始终是图书馆特有的职能。用知识传递、交流来促进社会生产力的发展始终是图书馆神圣的职责。人类社会的发展历程是知识积累的过程，只要人类社会还存在，还向前发展，它就离不开知识的保存和交流，就离不开图书馆。

(二) 图书馆应用知识管理是图书馆事业发展的需要

20世纪90年代以来，图书馆面临着两个大的背景：一是知识经济的产生与发展，给人类社会以巨大的影响，知识成为最重要的一种资源，成为基本的生产要素。图书馆能否在管理知识和运用知识上发挥作用，成为一个现实问题；二是新技术特别是信息技术的飞速发展不断地改变着社会的文化，图书馆一直随着新技术的应用而发生管理与服务方式的改变。网络给图书馆以更大冲击，是由网络替代图书馆组织和传播知识，还是由图书馆利用网络将更高质量的知识传递给需求者，图书馆必须做出选择。

毫无疑问，图书馆应用知识管理的理论与方法，能够提高图书馆文献组织与管理的质量，能够提高信息资源的可存取性，能够提高图书馆服务的针对性和效益，从而更好地为经济建设和社会发展服务，最大限度地发挥图书馆的作用与潜能。

(三) 图书馆是国家知识基础设施的重要组成部分发

展知识经济必须加强国家知识基础设施的建设。所谓国家知识基础设施，主要指高校、科研系统、企业和知识机构与广大劳动者紧密联系在一起的社会网络。

通过这个网络的协同和互动，使知识得以生产、传播和应用，使人们在经济活动的各个环节都可以很容易地获得和利用所需要的知识。可见，国家知识基础设施属于广义知识管理的范畴。

图书馆始终被誉为知识的宝库，是典型的知识机构，也是传播知识的中介机构，它的基本职能和任务就是对知识进行收集、加工、存储、管理、检索利用并提供服务。图书馆的文献、设备、技术人员本身就是知识经济中生产要素的组成

部分，随着数字化和网络化的普及，许多图书馆已经成为整个知识网络的组成部分，成为知识传播利用的主要渠道。

（四）图书馆具有知识管理的传统和优势

图书馆界自古即有知识管理的实践。印刷术发明之前，文献资源相对稀少，但是仍有知识管理的实例存在，例如我国东汉刘向、刘歆父子，将能够收集到的文献材料与文献资源组织编制成《七录》《七略》，并把征集到的文献分为七大类，再予以摘记大要。2000年前这种编制目录与摘要式的文献管理，就是具体而有效的知识管理。

古代的石渠阁、天禄阁等藏书阁就是知识管理的单位。明朝《永乐大典》的编制和清朝《古今图书集成》《四库全书》的编制，都是极为重要的系统化知识管理。此外，图书馆具有进行知识管理的独特优势：一是拥有丰富的知识资源，社会上没有哪一个机构所拥有的知识资源量能够与图书馆相比；二是图书馆馆员的职业技能优势。

图书馆员属于知识工作者中的一类，是知识与智慧的价值创造者。早在1994年，密歇根大学图书馆信息学院的 L BRosenfield 教授指出，图书馆馆员等信息管理人员对信息资源进行"重新包装"的知识和技能，使互联网变成一个有价值的信息空间中发挥更为重要的作用。美国宾夕法尼亚大学的詹姆斯·奥唐纳教授更是这样推崇图书馆馆员，"我们看重的不是信息本身，而是通过筛选得到确实需要的信息"。

在大学体系内，图书馆馆员作为一种职业，他们一直都在搜寻、筛选、组织、编排各种信息，帮助人们直接获取信息。

兰卡斯特在《人工智能和专家系统：它们将如何作用》中指出："很少有证据支持这种信念，即具有智能的设备不久将能够胜任现在由受过良好训练和经验丰富的图书馆信息人员执行的许多智力任务，就这个主题而言，许多作者看上去似乎过于乐观了。""事实是与图书馆职业相关的真正的智力任务—主题分析、信息需求译解、检索策略拟订以及诸如此类的工作—是难以授权给机器去做的。""在可预见的未来，图书馆信息人员的专业技能也不可能被人工智能所取代。"由此可见，图书馆知识管理既具有必要性，又具有可行性。然而，什么是图书馆知识管理呢？几种富有代表性的定义如下。

王均林提出，图书馆知识管理其实就是对其显性知识和隐性知识的收集、整理、存储使用，并使其充分发挥作用的过程。

夏萍提出，图书馆知识管理就是通过对图书馆拥有的包括信息、知识各种要素在内的所有智力资本进行组织、开发和运营，实现知识创新、知识扩散和知识增值的过程。

柯平指出，图书馆知识管理就是运用知识管理的理论与方法，进行图书馆的业务、财务、人事等各个方面的管理。它不是要取代传统图书馆管理的全部内容，而是图书馆管理的一个新领域。广义的图书馆知识管理，则包含着两大范畴：一个是对图书馆馆藏知识资源的组织与管理；另一个是运用图书馆的集体智慧开展业务活动，提高图书馆创新能力和可持续发展能力的图书馆管理。

罗文荣和莫翔伶认为，图书馆知识管理是指应用知识管理理论和方法，合理配置和使用图书馆各种资源，充分地满足用户不断变化的信息与知识需求，提升现代图书馆的各项职能并更好地发挥其作用的过程。

宋凌凌认为，图书馆知识管理就是对图书馆知识活动的各个环节——搜集、整理、存储和应用，实施科学运作和有效管理，从而实现知识服务的创新和增值。

石秀春主张，图书馆的知识管理就是图书馆把知识管理的理论和方法运用到图书馆管理之中，在图书馆信息管理的基础上，拓展其服务对象。即更重视对知识进行识别、提取、组织、开发、存储、传播，以达到知识扩散、知识创新、知识增值的目的。

上述六种定义基本上都揭示了图书馆知识管理的本质，即充分发挥图书馆所拥有的知识的作用。但是，前两种定义过于简略，柯平的定义没有明确"图书馆职业知识管理"和"图书馆馆藏知识管理"的相互关系。罗文荣和莫翔伶的定义没有系统地反映出图书馆知识管理的思想和方法。宋凌凌对图书馆知识管理价值的界定过于偏狭。石秀春的定义将"拓展其服务对象"与"更重视对知识进行识别、提取、组织、开发、存储、传播"画等号，令人费解。

事实上，图书馆知识管理的定义应满足下列条件：比较全面地概括目前图书馆界对知识管理的各种认识和思考；比较系统地反映出图书馆知识管理的思想、方法和应用层面的内容；比较完整地分析图书馆知识管理的内涵和外延；比较科学地界定图书馆知识管理的应用价值。在此基础上，本书给出的图书馆知识管理的定义如下。

图书馆知识管理包括图书馆知识（含显性知识和隐性知识）的获取、整理、保存、更新、应用、测评、传递、分享和创新等基础环节，它通过图书馆知识的生成、积累、交流和应用管理，复合作用于图书馆的多个领域，以实现图书馆知识的资本化或产品化，最终提升图书馆的服务能力、创新能力、竞争能力和可持续发展能力。这个定义凸显了图书馆知识管理的以下特征。

第一，图书馆知识管理依赖于知识。由于在图书馆知识识别、获取、整理等过程中，环节众多，作用机理复杂，因此必须加强对图书馆知识的基础管理，确保在一个图书馆系统内知识可以不断地生成和发展。知识的基础管理是整个图书馆知识管理的前提。

第二，图书馆知识管理是管理。图书馆知识管理是以知识为中心的管理。强调它的管理特性，就是要突出知识管理可以帮助图书馆实现隐性知识显性化和知识共享，是一条提升图书馆运营效率的新途径。图书馆知识管理不像对数据和信息的整理分析那样简单，也不以书本或教条来管理图书馆，而是把信息、流程与人这三大因素有机结合起来，在交流和互动中实现知识的共享、运用和创新，是利用知识提升图书馆效率、创造图书馆价值的过程。图书馆知识管理是管理理论与实践中"以人为本"主线的进一步发展，实现知识与人的能力相结合，才是"知识创造价值"的管理目标所在。

第三，图书馆知识管理是优化的流程。按照知识的存在过程与业务流程的结合，可将图书馆知识管理划分为知识的生成管理、知识的积累管理、知识的交流管理和知识的应用管理等四个独立的环节，它们之间存在首尾闭合的环路关系。这四个环节相互影响，形成一个有机的管理体系，构建起有效地作用传导机制。从各个环节的具体内容来讲，围绕"知识增值"这个核心，知识生成管理是基础和前提；知识积累管理是保障，是知识源与流、因与果之间的重要联系渠道，通过积累可以形成图书馆的集体智慧，提高图书馆对信息环境的应变能力；知识交流管理是动力，通过交流可以将各种知识整合成强有力的资源和力量；知识应用管理是手段，直接创造价值。

第四，图书馆知识管理是方法。知识管理作为管理方法，并不只在图书馆的个别领域中发挥作用，它与图书馆管理的各个层面的应用主题相结合，以基本方法和规律指导图书馆开展藏书管理、组织设计、人力资源管理、资源规划和馆读关系管理，成为辐射到图书馆各个层次的，以资源整合、潜力挖掘和"知识创造价值"为特征的管理活动。

第五，图书馆知识管理创造价值。知识管理在图书馆应用的核心是体现"知识增值"。因此，"知识创造价值"是知识管理对图书馆的业务流程进行改进和变革的基础要求，将在外延上促进图书馆知识的资本化和产品化，确保图书馆具备良好的服务能力、创新能力、竞争能力和可持续发展能力。

二、图书馆知识管理的基本内容

（一）图书馆知识生成管理

知识生成管理作为整个图书馆知识管理的前提，要解决的问题是清晰知识的来源，它主要包括知识获取和知识创造两个环节。知识获取可以分为从图书馆内部获取和从图书馆外部获取。因此在图书馆知识生成管理中，可以把知识的来源清晰地分为三个部分，即从图书馆内部获取、图书馆外部获取和创造知识。

图书馆中由个人实践所形成的经验，或工作伙伴所拥有并可被分享的知识，是内部知识的主要来源。图书馆做好知识生成管理，首先要面对的就是从图书馆内部员工获取知识，把零散分布在每个员工头脑中的知识聚合成能够解决业务问题的系统性知识。当个人拥有的知识没有应用于解决图书馆问题时，对图书馆来说就是无效的。

在图书馆的外部，获取知识的目标主要在于获得出版社、书商、信息服务公司、同行、读者以及行业和社会发展的相关知识。这些知识隐含在繁杂的商业数据、行业信息、调查资料、读者与竞争对手的个体知识之中，只有对外部信息不断地进行搜集处理并促进图书馆与外部的交流，才能确保图书馆获得外部知识来源。

创造知识是图书馆知识生成管理中的另一个来源。尽管知识的创造活动往往是伴随知识的应用和交流全过程进行的，但它终归体现为知识的重新生成和总量的增加。知识创造作为知识的来源之一，是最难以把握的，因为创造意味着要培育、创新知识，而不是简单地发现或积累知识。为了保持图书馆的生命力，图书馆不断需要新的知识，但很显然，这些知识不可能纯粹来源于原有知识或外部。

成功的图书馆会通过提高各个部门员工的工作兴趣来增强图书馆创造知识的能力，包括设立鼓励创造知识的项目、思想观念竞赛、参与多种项目工作的机会，以及提供充分的知识创造条件，保证图书馆员具备接触外界大范围刺激和信息的条件。

（二）图书馆知识积累管理

知识积累管理是确定图书馆知识的最终存在形式，因此也是图书馆知识交流和应用的基础。知识积累管理的目标是将知识生成管理中所获得的知识进行保存和安全管理，同时为知识交流和知识应用创造系统、及时、高效的环境，因此知识积累管理的实现途径主要依靠知识的整理、保存和更新三种方式。

知识的整理、保存和更新构成了知识积累管理，但从管理过程来看，知识积累管理要解决的根本问题是对不同知识如何实现积累，而不是损耗。这就要从知识存在的基本形态入手考虑。知识存在的基本形态是显性和隐性。显性知识是指经文献记录下来的、公共的、结构化的、内容固定的、外在化的和有意识的知识；隐性知识是指个人的、未经文献记录的知识，它对语境敏感，是动态创造和获取的，是内在化的和基于经验的，常存在于人的思想、行为和感知中。

由于前者可以被编码、结构化进而存储在数据库中，成员都可以通过计算机或网络直接调用，而后者与知识的所有者没有分离，往往需要通过直接交流才能传播和分享，因而这两种知识的积累显然需要不同的方法。对显性知识通常可通过知识数据仓库来管理，而对于隐性知识通常以专家系统或智囊团的形式来管理。图书馆知识积累管理的关键，就成为方式选择及不同选择下如何更好地面对知识对象的问题。

（三）图书馆知识交流管理

图书馆知识交流管理中要解决的关键问题在于，如何通过通信、协作与交流，实现知识在分类、整理和存储管理的基础上满足不同主体对各类知识的需求，最终促进知识应用，为图书馆创造价值。

知识交流管理要求图书馆从技术和文化等多方面作出安排。技术是实现图书馆内部知识传播的重要方法，它们也有助于建立鼓励知识共享、团队合作和互相信任的图书馆文化。在知识积累管理中，我们通过对不同知识采取不同的积累策略，使用知识数据仓库来管理显性知识，使用专家团方式管理隐性知识。与此相应，在知识交流管理中，也会产生两种交流方式。

第一种方式是间接交流，表现为知识的贡献人与知识的使用人之间不需要直接接触，他们都面对共同的对象—图书馆知识数据仓库，即知识的贡献人将知识提供给知识数据仓库，知识的使用人从知识数据仓库中提取工作中所需要的知识。

第二种方式是直接交流，表现为知识的贡献人与知识的使用人之间直接进行联系，联系的方式多种多样，如可以是组织会议、培训，也可以是 E-mail 或 Net Meeting，通过一对一、一对多的方式获得解决问题的知识。

间接交流的基础是完善图书馆的知识数据仓库。健全的知识数据仓库和完善的信息网络是促进间接交流的技术基础。但对于直接交流来讲，最大的挑战在于如何结合知识的积累，推动隐性知识的显性化，使知识的传播、共享更加简便。在隐性知识的直接交流管理中，除了完善专家团的管理模式外，最重要的是创造和推动各种隐性知识共享的机会，让隐藏于各处的隐性知识不断交流、碰撞，推动知识的创新。

（四）图书馆知识应用管理

知识应用管理就是在知识生成、知识积累的基础上，借助知识交流，实现知识价值的过程。知识应用管理的前期准备工作决定了应用的效率。好的前期规划，可以节省图书馆在寻找有价值的知识过程中的成本。图书馆知识应用管理的前期准备工作包括以下几个方面。

第一，分析图书馆各部门和人员对知识资源的需求。为确定知识应用的目标，图书馆必须全盘考虑各个业务部门（采编部、流通部、技术部、咨询部、网络部等）和行政部门（财务、人事、后勤、馆长办公室等）的具体需求，总结其中的特殊性和通用性，对知识的内容、关系结构、文件类型等进行总体规划。

第二，规划和设计知识分类体系，提高应用前的知识评测能力。在确定知识仓库的总体规划后，图书馆需要依据专业的分类模式（如公认的、行业通用的、技术领域通行的分类），结合自身需要，规划出详细的知识分类体系。为使知识应用有效开展，在准备工作中要高度重视知识的评测，分析整个知识库的框架性结构，不断充实和加入有针对性的知识资源，做到准确适用，并根据实际情况不断修正和完善知识。

第三，规划、开发知识管理系统。针对集中管理（通用性）和分散使用（个性化）的现实需要，知识管理系统的核心功能一般要满足生成、积累、交流的需要，图书馆往往要根据自身实际进行有效的系统规划和软件开发。

第四，建立知识管理部门和相应的运作机制。为推动知识的应用，图书馆一般需要设置独立的知识管理部门或职能小组，其主要职能包括搜集通用的知识资源，组织其他部门和人员提供专门的知识，对图书馆知识资源进行汇集、过滤、整理，推动知识管理的理念传播和实际运作等。

应用的前期准备工作是与知识的生成管理、积累管理和交流管理结合在一起的。通过应用管理的准备，不仅可以梳理知识管理活动各个环节之间的紧密关系，还可以通过知识评测分析各个环节知识的适用性，加强和密切彼此间的联系，更好地促进图书馆知识管理的开展。

为了推动知识的应用，图书馆还要从文化和环境入手创造"知识拉动力"，要在组织形式上建立跨职能的合作团队。

三、图书馆知识管理的方法

自从图书情报界的有识之士察觉到知识管理思想的价值以来，许多人将知识管理与图书馆联系在一起做了理论上的探讨。以"图书馆+知识管理"为题名检索式，对中国知网"中国学术文献网络出版总库"进行了检索，共获得相关论文1213篇。应该说，学术界对图书馆知识管理的理论研究已形成一种热潮。

然而，图书馆知识管理实践却相对冷清，国内仅有上海图书馆、中国科学院文献情报中心和深圳南山区图书馆等屈指可数的几家图书馆做了尝试。绝大多数图书馆将传统的文献管理等同于知识管理，认为那就是知识管理的全部，尚缺乏现代知识管理意识，更不可能将现代知识管理提上议事日程。与此相反，发达国家图书馆实施知识管理的实例正在日益增加，如美国、英国、加拿大、新加坡等国。因此，"图书馆知识管理的实施"是一个迫切需要研究并富有现实意义的课题。

（一）设立知识主管

知识主管是指在一个组织内部专门负责知识管理的官员，它是近年来随着知识管理的发展而在企业内部出现的一个新的高级职位。图书馆作为知识收集、加工和传递的中心，同样应该创建知识主管机制。

为了使知识管理成功，知识主管应该设立在有支配权和有责任的上层管理梯队里，譬如由一名副馆长专任或由馆长兼任。图书馆知识主管的主要职责是：制定图书馆知识政策，提供决策支持，帮助员工成长。具体而言，图书馆知识主管应做到：了解图书馆的环境和图书馆本身，理解图书馆内的知识需求。建立和造就一个能促进学习、积累知识和知识共享的环境，使每个人都认识到知识共享的好处，并为图书馆的知识库做贡献。监督保证知识库内容的质量、深度、风格并使之与图书馆的发展一致。保证知识库设施的正常运行。加强知识集成，产生新的知识，促进知识共享。

知识主管必须了解哪些技术有助于知识的获取、储存、利用和共享。要实现有效的知识管理，仅仅拥有合适的软硬件系统是不够的，还要求图书馆知识主管把图书馆知识开发、共享和创新视为竞争优势的支柱，对包括信息在内的所有知识资源进行综合决策，实施全面管理。

知识主管的动力来源于想要有所作为的愿望和坚持不懈的决心。他们应能够孕育和提出新思想，善于倾听他人建议，如果意见合理并符合图书馆的知识远景则应支持它们。

（二）改造图书馆的组织结构

知识管理倡导运用集体的智慧提高组织的应变能力和创新能力，而设计合理的组织结构是创建图书馆核心能力的一条有效途径。面对现代信息技术的挑战和不断变化的用户需求，图书馆必须积极引进企业为实施知识管理而进行的"业务流程重组"或称"企业再造"的管理思想，重新调整图书馆的组织结构和内部关系，进一步增强自身的适应性和竞争性。

图书馆组织结构的设计应以读者为中心，以用户需求为导向，充分实现服务的专业化、个性化，减少管理层次和重复作业，合理配置资源，增强图书馆运行的弹性，提高工作效率。通过业务流程重组，使图书馆建立一种能够迅速适应读者需求的新的服务机制，实现与各个信息系统的交融，给资源的共享、优化、合作和知识的创新带来勃勃生机。

在网络环境下，图书馆的组织结构应改变以往固定的等级模式，打破传统的图书馆职能部门之间的界限，以适应功能的不断拓展和变化。一是在图书馆内建立"柔性组织"，更多地强调组织形态的扁平化和组织行为的柔性化。如采用以团队或小组为基本组织单元的网络化结构的组织形式。将更体现跳跃与变化、速度与反应，更强调人的个性与创造力的发挥，具有灵活、适应性强、高度参与并富有动态性的特点。二是在图书馆外建立"知识联盟"，引进外部知识及经验，以获得能力的扩展和转换。在组织内知识清点的基础上，组建专家网络来提升图书馆的知识、资源和技能水平。增进图书馆之间的相互学习和知识交叉，协同发展。

（三）组建完备的图书馆知识库

图书馆知识管理的目标之一是图书馆内部的知识共享。采用传统手段来传递知识往往受到多种主客观因素的制约，有时不能将适当的知识传送到最需要它们的人手中。若建立知识库，就可以解决这个问题。图书馆应有计划地建立图书馆整体以及各个部门、各个岗位的专业知识体系，将现有知识分门别类、提炼加工。同时还要及时搜集所需的新知识，以形成有本馆特色并不断发展的系统性知识库，协助馆员高效提取所需专业知识资源用于各个部门和各个岗位的实际工作，以获得良好的工作绩效。

图书馆知识库可分成以下四个子库。

（1）外部显性知识库

该库主要收纳社会公共知识。政府出版物、期刊、报纸、学术会议录、标准文献、专利文献以及信息机构制作的具有版权的数据库等，都是社会公共知识的载体，图书馆应根据自身实际跟踪分析并收集相关的部分，以形成自己的特色知识库。

（2）内部显性知识库

该库收纳内部已经或可以用文字形式保存并可检索使用的一类知识，如研究报告、咨询案例、访谈录等。建立该库的关键是有系统性和便于查找。

（3）外部隐性知识库

外部隐性知识库也可以称"外脑"或"智囊库"。用户中不乏各行业、各学科领域的专家，若有效地加以利用就可以形成图书馆宝贵的无形资产。因此，图书馆应在平时的知识服务过程中与用户建立良好的互动合作关系，并建立图书馆的外部专家人才库以及将专家解答的问题加以编码储存的知识库。

（4）内部隐性知识库

该库收纳存在于馆员头脑中的经验、数据、技巧等意会知识。组建内部隐性知识库的基础是尽量把这些意会知识编码化，以供馆员访问和咨询。另外，可以组建内部网络开展电子讨论，让馆员将自己的经验输入内部网络，并对别人的提问和建议给予积极的反馈，管理者则将这些内容全部存入子库。这样一来，一个包括馆员经验、见解和窍门的内部隐性知识库就建立起来了。

（四）创立图书馆知识管理系统

图书馆知识管理系统是一种用来支持和改进图书馆对知识的创建、存储、传送和应用的信息技术系统。目前，知识管理系统涌现了多种模式，如基于层次模型的知识管理系统、基于一般系统框架的知识管理系统、基于知识生命周期的知识管理系统、基于知识实践框架的知识管理系统、基于资源的知识管理系统以及基于XML的知识管理系统等。在开发图书馆知识管理系统时，应注意以下几个方面。

（1）用户接口设计

即要求知识库管理员在选择工具时，必须考虑是否有标准接口或是否可以按照与组织的其他应用一致的方式来定制。

（2）文本检索与多媒体检索

即要求所开发或利用的搜索引擎能够检索到与检索表达式不完全匹配但实际含有相关信息的文档，而且能够按照相关率高低对检索条目排序。

（3）知识地图

即要求把知识库中的资料与知识目录连接起来。

（4）个性化

即满足知识库管理员手工创建用户文档，或基于E-mail标题与原检索式中检索词的自动生成文档来实现知识库的个性化。

（5）标准查询

即要求知识库引擎允许知识库管理员定义标准查询，这种标准查询涉及所有用户专门配置文档的关键词，也允许用户公布个人查询。

（6）近似组过滤

即满足为用户创建表定义主题选择来实施近似组过滤。

（7）知识目录

即要求知识库引擎在用户检索知识时，能够识别相关主题专家和馆藏存储信息。

（8）合作与通信

即允许被地点和时间分离的团队成员共享那些解决新建议的必要信息，包括方案文件、工作计划、个人计划、讨论组等。

彼特·美索和罗伯特·史密斯认为，从社会一技术的观点来看，组织知识管理系统不仅仅是信息技术系统，而是由技术基础、组织基础、组织文化、知识与人组成的复杂综合体。因此，今后成熟的图书馆知识管理系统除着重于信息技术外，还应该考虑图书馆组织、图书馆文化与人力资源等问题，以保障图书馆的可持续发展。

（五）建设学习型图书馆

图书馆知识管理的策略之一就是建设学习型图书馆。在学习型图书馆中，学习、知识共享、提高员工的素质将是图书馆的一项重要职能和目标，图书馆会开展经常性地培训以及团队学习活动。在学习型图书馆中，学习已经内化为图书馆的日常行为，融入图书馆的血液之中。主动学习、自觉学习将代替被动学习，制度性学习、系统化学习将代替零星式学习。总之，向学习型图书馆发展可以从根本上改变一个图书馆的处境。

学习型图书馆具有一些显著的特点。在思维方式上，学习型图书馆具有以下特点：①有一个多数人赞同的共同构想；②在解决问题和人事工作时，摒弃旧的思维方式和常规程序。③成员对组织过程、活动、功能与环境的相互作用进行思考；④人们之间坦率地相互沟通（跨越纵向和水平界限），不必担心受到批评或惩罚；⑤人们摒弃个人利益和部门利益，为实现图书馆的共同构想一起工作。

在组织结构上，学习型图书馆具有以下特点：①适应于团队工作而不是个人工作；②适应于项目工作而不是职能性工作；③适应于创新而不是重复性的工作；④有利于馆员的相互影响、沟通和知识共享；⑤有利于图书馆的知识更新和深化；⑥有利于图书馆增强对环境的适应能力。

建设学习型图书馆，需要进行五项修炼，即自我超越、改进心智模式、建立共同愿景、团体学习和系统思考。其中，系统思考是五项修炼中的核心技术。

（1）自我超越

自我超越是指突破极限的自我实现和获得娴熟的技艺的过程。自我超越的修炼包括以下内容：首先，建立个人愿景，即树立个人的理想和目标淇次，保持创造性张力，即不断地从个人愿景与现实之间的差距中创造学习与工作的热情与动力；再次，解决结构性冲突，即排除阻止个人追求目标和迈向成功的结构性心理障碍；最后，运用潜意识，即发展潜意识与意识之间的默契关系，以增强意志力。

（2）改进心智模式

心智模式是指根深蒂固于心中，影响着人们认识周围世界以及如何采取行动的许多假设、成见和刻板印象。改进心智模式就是图书馆成员和图书馆自身打破既成的思维定式，解放思想，进行创造性思维的过程。改进心智模式的修炼包括以下内容：辨认跳跃式的推论，对事物的假设、探寻与辩护，对比拥护的理论和使用的理论。

（3）建立共同愿景

这是图书馆成员树立共同的理想和目标的过程。通过建立共同愿景，把图书馆全体成员团结在一起，创造出众人是一体的感觉。共同愿景深入人心以后，每个员工都会受到共同愿景的感召和鼓舞。对图书馆来说，建立共同愿景，就是要确立新时期图书馆的目标和任务，树立图书馆的形象，将馆员的个人价值与整个图书馆的价值统一起来，将个人的责任与整个图书馆的使命统一起来。

这样形成的图书馆规划与图书馆设计不只是代表图书馆馆长的意愿，而是图书馆全体成员的志向和符合时代需要的可实现的工作指南。建立共同愿景的修炼包括以下内容：一是鼓励个人愿景，即鼓励个人设计自己的未来；二是塑造图书馆整体形象，即培养图书馆成员的集体观念，从集体利益出发分担责任；三是融入图书馆理念，即将共同愿景人图书馆理念之中；四是学习双向沟通；五是忠于事实，即从事实与共同愿景之间的差距中产生图书馆的创造性张力。

（4）团体学习

团体学习是发展图书馆成员互相配合、整体搭配与实现共同目标能力的过程。通过团体学习，可以获得高于个人智力的团体智力，形成高于个人力量的团体力量，在团体行动中，达到一种"运作上的默契"和形成一种"流动的团体意识"。

在图书馆中，针对图书馆改革的需要、针对图书馆任务的需要、针对部门的需要等，都可以组织团体学习，让团体成员在学习中理解和创新。

以图书馆的人事改革为例，当图书馆的人事改革目标确立以后，要通过学习使全体馆员认识到改革的重要性和必要性，愿意去改革并努力为改革献计献策。

图书馆是社会教育、文化和学术的一个中心，是一个非营利性组织，当这个组织遇到复杂问题时，既要进行学习，也要发挥团队精神。图书馆团队精神以知识信息服务为己任，增强责任感和使命感，通过勤奋努力、团结协作、坚持不懈、不断创造，促进人类知识与信息的生产、传播与利用。

团体学习的修炼需要运用深度会谈与讨论两种不同的团体沟通方式。深度会谈要求团体的成员说出心中的假设，暂停个人的主观判断，自由而有创造性地探究复杂的议题，以达到一起思考的境界。讨论则是提出不同的看法，并加以辩护的沟通技术。通常团体用深度会谈来探究复杂的议题，用讨论来形成对事情的决议。

（5）系统思考

系统思考是五项修炼的核心，它教会人们运用系统的观点来看待图书馆的生存和发展，进而将图书馆成员的智慧和活动融为一体。系统思考能引导人们由看事件的局部到纵观整体；由看事件的表面到洞察其变化背后的深层结构；由孤立地分析各种因素到认识各种因素之间的互动关系和动态平衡关系。

五项修炼的每一项都呈现三个层次：演练、原理和精髓。其中，演练是指具体的练习，原理是指导练习活动的基本理论。五项修炼将创造出有利于图书馆成员自我激励、自我管理和自我评价的组织环境。造就整体搭配、互相配合的团队精神，达到管理的人性化和制度化之间的平衡，以及馆员个人事业发展与图书馆发展之间的协调一。

第三章　现代公共图书管管理体系构建

第一节　现代公共图书馆管理体系的建设研究

一、古代中、西方图书馆的管理

（一）古代中国图书馆管理的历程

（1）宫廷、官府图书馆的管理

我国最早的图书馆起源于商朝，当时的人们就已经开始收藏文献信息资源了。但在我国，古代的图书馆称为藏书楼，图书馆是近代才引进的称呼。公元前16世纪至公元前11世纪的商代，随着文字构成和语法组织的发展，商代的文献收集和保管已经有了极大地发展。据考古发现，商代已经把一个朝代的文献集中地加以整理，并设以专门的收藏地点，以便于随时抽取、查阅。其文献内容也涉及广泛，有记载社会生活、农业生产以及朝廷事务、军事征战、王位继承等。商代甲骨文献的收藏可以被视为古代图书馆管理的萌芽。

公元前11世纪至公元前8世纪的西周已经开始设立专门的官吏从事文字的记录和史实的撰写。思想家老子就曾担任柱下守藏史，可谓早期的图书馆管理员。而且西周的史官（收藏典籍的官吏）已经按专题分工，从事不同的收藏、整理工作。可以说，周代是古代图书馆管理成型的时期。

春秋、战国时期是我国古代思想繁盛的时期，众多伟大的思想家都是诞生在这个时期，加之春秋、战国时期简书、帛书的普及和书写工具有了极大的改进，所以这段时期的藏书情况不仅有了长足的发展，各个诸侯国都拥有自己的图书馆，而且图书管理得到了极大的重视。这一时期产生了真正的文献学家，其中最著名的可以说是孔子。孔子不仅是春秋时期的教育家、思想家还是文献学家，他曾整理六经，使商周的文化典籍更加系统化，是我国文化发展史上的一件大事。

秦朝统一中国后重视典籍的收藏，曾先后建立了多处宫廷和政府机构的藏书楼。可惜，秦末的楚汉相争使宫廷藏书遭受了极大的损失。

汉代从建国初期就采取了宽松的文化政策，从而使官府的藏书得到的极大地发展。汉代确定了封建社会官府藏书的类型，完善了图书馆管理的工作内容，充实和配备了管理官员，如区分了藏书的门类，按类设置了专门的人员，明确了图书馆整理的程序。最终生成了中国历史上第一部综合性的群书目录——《别录》和第一部综合性的群书分类目录——《七略》。所以，汉代可谓古代图书馆管理的确立时期。

三国、两晋、南北朝时期，由于战乱不断，官府藏书的状况时好时坏，不过纸张的普及，写本书的大量出现，还是极大地丰富了图书馆的馆藏资源。

隋唐时期由于经济、文化的快速发展，官府图书馆也同样快速发展。唐朝的宫廷藏书和中央政府藏书已经形成由上至下的体系，各有详细的分工。唐朝还注重宗教典籍的收藏、翻译和整理，使写本书的收藏达到高峰，是古代图书馆管理的发展时期。

宋元时期的印刷书本大量出现，藏书更趋于丰富，同时官府藏书的整理工作更加频繁。宋朝的官府图书馆还允许外借，并设专门的人员负责借还。宋朝重视从事图书馆管理工作的人员素质，要求一律从科举高第或现任官员中挑选，并且必须经过考试。南宋时期对图书馆的管理更加正规，对重要藏书校勘、出借制度和书库管理做了严格规定，并设"定期曝书制度"使书籍得到妥善收藏，是古代图书馆管理的高峰时期。

明朝虽然同样设有官府图书馆，但官藏的管理力量却实际上被削弱了清朝从康熙帝开始又重新重视了官藏，到乾隆年间建起了完整的官府藏书的完整体系。

（2）私人图书馆的管理

魏晋南北朝时期出现了我国最早的私人图书馆，但由于早期纸张载体得之不易，各家藏书的数量不多，品种也不繁复。但早期的私人图书馆采取了开放的管理模式，这种做法对我国古代社会的图书馆发展产生了深远的影响。同官府藏书一样，随着经济文化的发展，各朝各代的私人藏书无论从数量、质量还是管理都有长足的进步，到了明清时期，私人图书馆的发展达到高峰。

（3）书院图书馆的管理

书院藏书是从北宋到清末的一种藏书形式，与现在的高校图书馆相近似，其藏书的目的是为师生提供研习之资，服务、服从于其教学与学术研究工作，并形成了独具特色的公共性与开放性管理模式。书院藏书从元代开始进入正规化、制度化，并设置专人管理图书，形成图书馆借阅制度，编制院藏图书目录，方便了读者检索、阅读。《杜洲书院书板书籍目录》《共山书院藏书目录序》《西湖书院书目序》是现在最早的中国书院的藏书目录和书目序。

（二）古代西方图书馆的管理发展

（1）早期的西方图书馆管理

图书馆是人类文明发展到一定阶段的产物，从图书馆产生伊始，图书馆管理就伴随着图书馆一同发展。西方社会的图书馆最早产生在两河流域的巴比伦文明中，最有名的就是巴比伦王国的亚述巴尼拔国王的图书馆。这所图书馆在图书整理和编目已经有所探索，所藏的泥版文书都按不同主题排列，有些还刻有主题的标记。在收藏室的门旁和附近的墙壁上注有泥版文书的目录。对篇幅较大的泥版文书还做一些简单地叙述，有的还摘录书中的重要部分。据推测，这样一所图书馆至少由20名书吏来抄录和管理泥版文书。

此后古埃及、古希腊、古罗马都先后拥有了自己的图书馆。这些早期图书馆的建立者一般都是国王，管理者多是具有丰富知识的学者。馆藏内容丰富，既有记载皇室活动的记录，也有宗教、科学、文学等世俗性图书。其中古埃及的托勒密一世建立的亚历山大图书馆赫赫有名，不光因为其拥有丰富的馆藏，还因为历届的亚历山大图书馆馆长都对图书馆管理事业的发展做出了贡献。其第三任馆长卡里马科斯编制了该馆的图书目录，该目录叫《皮纳克斯》，又名《各科著名学者及其著作目录》，是一部名著解题目录，共120纸草卷。

古希腊时期还出现了私人图书馆，其中最有名的就是柏拉图和亚里士多德的私人图书馆，这些图书馆收藏的文献对文化知识的传播起了重要的作用，此外，古希腊还有学校图书馆的存在，并在这些学校的遗址上发现了书单模样的"目录"。

古罗马的图书馆早期以私人图书馆为主，其馆藏来源于同古希腊的战争。这些私人图书馆的管理者多数也是被掠回来的文化人或有一定文化水平的奴隶。后期公共图书馆也开始出现在古罗马。恺撒大帝的意愿就是建立一所伟大的公共图书馆，虽然在他生前并没有完成这个愿望。但后来的继任者实现了这一愿望，并将建立公共图书馆的传统延续了400多年，到公元4世纪初，仅罗马一地就有28所公共图书馆。古罗马的图书馆管理工作分工趋于专业化，出现了馆长、馆员、副馆员、助理馆员之类的等级，这些馆员除了从事图书的采购、修补、摘录、排列等工作，有的还从事抄写或翻译。这一时期开始出现女性馆员。

（2）中世纪时期的宗教图书馆管理

公元3世纪开始的罗马帝国受到大规模的入侵，众多的文献随着图书馆的毁灭而消失。古代修道院图书馆成为学术中心。此时，古代的大型图书馆已经无影无踪，取而代之的是收藏教会书籍、规模极小的修道院图书馆。这些修道院图书馆藏书极少，图书馆管理的责任是按一定的规律将图书馆分类，有的按语种、有的按开本大小、有的按赠寄者的不同。同时还编制简单的目录，并与其他馆交换藏书单，这在不同程度上带有联合目录的性质。

（3）文艺复兴带来的图书馆管理发展

公元14世纪开始的文艺复兴运动席卷欧洲，也推动了图书馆事业的复苏和发展。私人图书馆和早期的公共图书馆开始出现并活跃起来，馆藏数量迅速增加。图书馆开始向学者开放，为他们提供看书的方便。但图书馆管理还没有摆脱中世纪陈旧的管理方式，没有真正的图书馆管理员。

（4）公元16、18世纪的图书馆

随着造纸术、印刷术的推广，欧洲各国的出版业也得到很快发展。图书开始由上层社会走入中下层民众，图书馆的藏书量大幅度增加。此时的图书分类更加合理。诺代发表的《关于图书馆建设的意见》成为第一本图书馆学理论书籍，初期的图书馆管理理论形成。历史上第一本图书市场目录也在德国出版了。各种有特定藏书范围或有一定服务对象的专业图书馆出现了，主要有法律图书馆、商业图书馆、自然科学图书馆等。

二、管理理论与现代图书馆管理

（一）管理思想与管理理论的产生与发展

社会进步离不开管理的推动，管理是对组织资源进行有效整合以达成组织既定目标与责任的动态创造性活动，是一种实践，一门艺术。管理思想和管理理论都是人们在实践中饯行出的经验总结，虽然这些思想与理论形成学科不过一百多年，但却有其深深的根源，并早已经融入社会的各行各业，管理早已成为人类日常生活中的普遍行为。

（1）中国古代管理思想理论

人类文明从诞生之初就伴随着人类的管理行为。但对于管理实践所产生的管理思想和理论，却由于中西方文化的基础不同，产生了很大的差异。但中西方的管理思想都是人类文明的结果，其合理的内核都对人类社会的管理发展起着积极的作用。中国古代的管理思想相对于西方管理思想来讲，其体系和结构完全不同，是从另外不同的角度揭示了管理的规律。

在我国，古代的管理思想的代表有儒家、道家、法家、兵家等各流派，不管这些管理思想在政治意义的功过是非，仅从他们在管理国家、巩固政权、统帅军队、组织战争、治理经济、发展生产、安定社会来讲，这些管理思想即使是在当今的社会，也有着极其重要的指导作用。其中儒家管理思想作为我国传统文化的主流强调中庸、强调人和，是一种人本管理的思想。而道家思想的最高范畴就是"道"，"道"是天地万物变化的普遍规律，强调"无为而治"。道家管理思想既强调宏观调控，又注重微观权术，是适用于任何管理过程的原则。法家是以"法治"为核心思想，虽然这种"法治"与现代社会的法治意义完全不同，但法家强调普遍规律与特殊规律的关系，认为做事必须尊重客观规律，同时强调管理体系的完备性。兵家管理思想充满了辩证法的思想，其包含的大量战略与战术思想是现今企业管理可借鉴的管理经验和管理原则。总之，中国古代管理思想对今天的各项管理工作，特别是对市场竞争环境激烈中的企业，更具有重大的现实意义。

（2）西方古典管理理论的形成

在西方，管理学演变的过程经历了古典管理、行为科学管理和现代管理三个阶段。每种管理学派分别从自己的学科优势出发，从不同的角度、用不同的方法对管理问题进行了研究，不断发展和完善管理理论，使管理成为一门科学。

18世纪60年代后，以英国为代表的西方国家，开始了第一次产业革命，使生产力有了很大发展，随之而来的就是管理思想与管理方法和手段的创新，产生了早期管理理论的萌芽并形成古典管理理论，其中最有名的是：19世纪末的泰罗提出了"科学管理理论"。这种理论的核心目的是提高工作的效率，其理论要点是：时间研究和动作研究，即通过该项研究规范员工的工作活动和工作定额；员工的挑选和培训，即科学地挑选员工，对其进行专门的培训、教育，并合理安排工作岗位，使能力与工作相适应；实行标准化管理，以提高劳动生产率；坚持专业分工原则，即明确工作和责任，实行分工管理，以提高管理效率；实现劳资双方的思想革命，即管理者应真诚与员工沟通合作，以确保劳资双方都能从生产效率的提高中得到好处。

亨利·法约尔是古典"组织理论"的奠基人，由于长期从事企业的高级管理工作，因此他的研究更注重管理者的活动，着重研究企业管理的一般理论，特别是企业组织理论。他的理论思想核心内容是：确定企业活动的类别，认为任何企业都有六种基本活动，即技术活动、商业活动、财务活动、安全活动、会计活动、管理活动；明确管理的职能，即管理具有计划、组织、指挥、协调和控制五大职能；总结了管理的14项一般管理原则，即劳动分工、职权与职责、纪律、统一指挥、统一领导、个人利益服从整体利益、报酬、集中、等级制度、秩序、公平、人员稳定、首创精神、团结。

德国社会学家马克斯·韦伯提出了"行政组织理论"，他的代表作就是《社会组织与社会经济》，其理想的行政组织体系的理论要点是：明确的分工，即组织的成员按职业专业化进行明确分工；职权等级，即每个下级都应接受上级的控制和监督；人员的作用，即所有员工都应通过正式考试和教育训练进行任用；规章制度，即管理人员必须严格遵守组织的规章、纪律以及办事程序；管理人员专职化，即人员有固定的薪金和明文规定的升迁制度；非人格性，即规则和控制的实施具有一致性，不受个人情感的影响。

（3）西方现代管理理论

现代管理理论的演变经历了行为科学理论、管理科学理论和现代管理理论三个阶段。其中行为科学理论中的代表就是梅奥的人际关系理论。这种理论克服了泰罗的理论缺陷，改变了人们对管理的思考方法。使管理者更加意识到行为过程的重要性，也更意识到应把人看作是宝贵的资源，确定了员工是有价值的资源，并把重点放在管理实践上。但由于个人行为的复杂性所导致的对行为分析的困难，使这种理论未能很好地与管理实践相结合，在实际运用上并不广泛。

管理科学理论其实与泰罗的理论同属一脉，只不过是在它的基础上有新的发展，其中以数理理论、系统管理理论、运筹管理理论为代表。管理科学理论主要论及如何对制订和运用数学模式和程序的系统进行管理，也就是运用数学符号和公式进行计划决策和解决管理中的问题。这种理论的优势是运用复杂的管理科学技术计划、决策、组织、领导和控制，使数学模型和程序求得的决策成为解决问题的最佳方案，运用最新的信息情报系统，促进管理效率，同时也有利于了解管理职能环境的复杂性。管理科学的局限性是不能很好地解释和预见组织内成员的行为，并且由于数学模型太复杂，其功能可能影响其技能的发挥；模型有时可能不切合实际，而无法真正实现。

美国管理学家哈罗德·孔茨将"二战"后的众多管理理论称为管理理论的丛林，这些理论是现代管理的理论的统称。这些学派相互补充，从不同角度，带着各自学科的特点阐明现代管理的有关问题，但它们的基本目的却是相同的。其中比较有名的学派理论和它们的管理思想有：管理过程学派，注重管理的过程和职能；行为科学学派，是在人际关系理论基础上发展而成的，在强调人的行为外，还要求进一步研究人的行为规律，找出产生不同行为的影响因素，探讨如何控制人的行为以达到预定目标；系统管理学派，着重于用系统理论来研究管理问题以追求组织整体目标的最优化；决策理论学派，其代表人物赫伯特·西蒙认为："管理是以决策为特征的，管理的本质就是决策"；数学学派，强调运用数学模型和计算机技术来进行管理决策，以提高经济效率；权变理论学派，认为现实中不存在一种固定的、一成不变的标准管理模式，管理者应根据实际环境的变化，选择合适的管理模式和方法；经验管理学派，也称案例学派，主张从管理者的实际经验出发去寻求管理活动的一般规律和共性的东西，并使其系统化和理论化，以此指导其他管理人员的管理工作。

（4）现代管理理论的新思潮

管理理论在经过100多年的发展，已经形成了深厚的理论基础，到20世纪末，知识经济的迅速发展和组织管理的实践，使管理新思想不断涌现，各个管理学派互相渗透、融合，管理又有了向全面管理、综合管理发展势头，这些新思想为管理理论注入了新鲜的力量。

"学习型组织"是指通过培养弥漫于整个组织的学习气氛，充分发挥员工的创造性思维能力而建立起来的一种有机的、高度柔性的、扁平化的、符合人性的、能持续发展的组织。这种理论强调组织只有主动学习，才能适应变化的环境。

"组织文化"理论，提出组织文化本质概念，认为组织文化是一个特定组织在处理外部适应和内部融合问题中所学习到的，由组织自身所发明创造并且发展起来的一些基本假定类型，这些假定类型能够发挥很好的作用，并被认为是有效的，由此被其成员所接受。

"企业再造"理论，提出了有关企业经营管理理论和方法，其新思想主要表现在强调组织流程必须采取激烈的手段，彻底改变工作方法，摆脱以往陈旧的流程框架。"竞争战略"理论，是引发美国乃至全世界有关竞争力问题讨论的理论，由迈克尔·波特提出。他认为，企业的管理都是在三种基本战略的基础上制订的，即成本领先战略、差异化战略、专一化战略，这些基本战略的共同目标就是确立企业在竞争中的优势。

"虚拟型组织"理论，明确提出通过建立虚拟组织、动态协作团队和知识联盟来创造财富的观点。其所谓的虚拟组织指的就是不仅把公司成员，而且把供应商、公司顾客以及顾客的顾客都看成一个共同体，倾听他们的意见，充分调动内外各种资源。建立这种组织，要更多地依靠人员的知识和才干，而不是他们的职能。

"创新管理"理论，主要由四个部分内容构成，即CIS企业形象设计、信息管理、工艺创新以及企业知识管理。它是在劳动者、劳动工具和劳动对象构成的生产力要素逐渐被信息、技术和管理等智力生产要素所取代，在高技术竞争时代产生的。品牌战略、无形资产将成为企业制胜的关键，信息资源的占有量将重新区分发达国家和后进国家，企业也将由此形成不同的竞争力度，因此所有国家和企业都必须根据市场需求调整自己的战略目标。

（二）管理思想和理论对我国现代图书馆管理的影响

现代图书馆管理是在管理学和图书馆学的基础进行的，所以在图书馆管理中必然要在立足图书馆学的专业基础上借鉴、吸收管理学理论的最新成果，以丰富现代图书馆管理理论，指导图书馆的管理实践，而在众多中、西方管理理论中能对图书馆管理起到有利影响的理论主要有以下几种。

(1)"创新管理"理论与图书馆管理

创新是未来管理的主旋律,作为人类社会持续发展下去的不竭动力,创新是指以新思维、新发明和新描述为特征的一种概念化过程。根据这一定义管理创新至少包括五个方面的内容:提出一种新的经营思路并加以有效实施;创设一个新组织机构并使之有效地运转;提出一个新的管理方式、方法;设计一种新的管理模式和进行一项制度创新。知识经济时代,面对科学技术日新月异,知识量、信息量剧增和市场剧变,谁能感觉敏捷抓住时机,谁就会在竞争中获得胜利。以往图书馆的管理制度和管理模式的设计,常常以规范人的行为、使人不犯错误为出发点,有着过多的管制和约束,这种过细过严的规则,通常会抑制了创新精神的发展。而管理上的创新能使图书馆打破常规,改革管理工作流程,大大提高管理效率;能使图书馆以敏锐的观察力,密切关注未来变化的新趋势、新动向、新问题,从而能以超前的意识果敢决策,适应未来发展的要求。此外,创新管理表现在图书馆管理中就是还要树立创新意识,发扬创新精神,在创新中寻找出路,在创新中寻发展,把创新渗透于图书馆的整个管理过程之中。要充分发挥现代信息技术和管理技术的优势,以促进图书馆管理创新为着眼点,更新图书馆管理理念,引进先进的管理理论,实现图书馆的技术创新、人员创新和服务创新,从而通过改革创新,建立起一套崭新的管理运行机制,以适应社会发展的需要。

(2)"组织文化"理论与图书馆管理

管理从他律到自律,起主导作用的是一种文化认同,文化力量在组织的潜移默化是至关重要的,被推崇为现代管理的最高境界。文化可以从根本上影响着图书馆管理的出发点和方向。广义上的图书馆文化指的是基于图书馆及图书馆事业的文化内涵与文化现象之和;狭义而言则是指在图书馆核心价值体系基础上形成的,具有延续性的、共同的认知系统。这种认知系统表现为馆员的群体意识形态,它能使馆员之间达成共识,形成心理契约。因此,图书馆管理中应注重文化的建设。树立积极向上的图书馆文化,有利于营造图书馆良好的社会形象,争取更多来自外部环境的有力支持;有利于引导馆员形成正确的职业观,将自身行为与图书馆的整体目标协调起来;有利于确定图书馆的办馆宗旨、服务方针、发展方向,并渗透到图书馆活动的方方面面。

(3)"人本管理""能本管理"理论与图书馆管理

"以人为本"的管理思想在历史上早已存在,中国古代的儒家思想体系就是"人本管理"的代表。在西方,从古希腊的雅典民主政治到现代管理理论思想,都有"以人为本"管理思想的体现。但从古到今,人们所重视的都是带有强制色彩的管理制度。这种管理依托于权力和强制,不重视人的真实感受和需要,强调遵守与服从。不过，20世纪中叶以来，人们逐渐认识到管理中人的因素的重要性，正式提出了"以人为本"的管理理念。目前，"人本管理"是世界上最为推崇的管理方法之一，被广泛应用于现代企业，是现代管理学中的重要理论。它强调的是以人的全面发展为准则，实施以人为中心的管理，其核心思想是尊重关爱人、理解信任人、完善发展人。对于图书馆管理来讲，"人本管理"的管理的核心就是把馆员作为最重要资源，使其作为管理的主体。围绕如何利用和开发馆员服务于组织内外的利益相关者，从而实现图书馆目标和馆员个人目标。实施"人本管理"，就是要通过科学、有效的方法，发扬馆员的优点，抑制馆员的弱点，提供能发挥馆员的潜能、智慧和创造力的环境，使馆员在创造社会财富、实现效益的同时，不断发展自我，实现自身的价值。"人本管理"属于柔性管理的范畴，其职能侧重于疏导、教化与激励，其特点是用柔性手段进行调节与控制，用非强制性的一套方法去影响、感应馆员的心理和行为，从而调动和激发他们的积极性、创造性，凝聚实现组织目标的群体意志和力量。有专家认为，在图书馆服务所发挥的作用中，图书馆的建筑物占5%，信息资源占20%，而图书馆员占75%。因此，图书馆事业要想充满生机与活力，建设一支高素质的馆员队伍是必需的。而只有通过"人本管理"才能全面开发馆员的潜力，充分发挥其才智。因此，图书馆管理的"人本管理"，首先，要尊重馆员，这里的尊重不仅包括尊重馆员的人格和表达意见以及个人发展意愿的权利，还要尊重馆员的能力，尊重馆员的价值和劳动；其次，图书馆要充分认可每个馆员在图书馆的贡献，客观地评价馆员的业绩；最后，要允许馆员选择适合自己的岗位，以便提供发挥其潜能的机会。

所谓"能本管理"，就是指以能力作为本位的管理理念，它是相对于"物本管理"和"人本管理"而言的，它源于人本管理，又高于人本管理，是更高阶段、更高层次和更高意义上的人本管理，是"人本管理"的升华。"能本管理"在图书馆管理的运用就是通过有效的方法，以期最大限度地发挥人的能力，从而实现能力价值的最大化，把能力这种最重要的资源转变为图书馆发展的推动力量，实现图书馆发展的目标和创新。目前，有些图书馆也在管理中尝试量化管理，但图书馆工作的性质决定了其部分岗位是很难用量化的方式来考核工作绩效的，而"能本管理"这种强调充分发挥个人的能力的管理，为图书馆管理提供了一条新的思路。在图书馆管理中引进"能本管理"理论，可以为图书馆建立各尽所能的运行管理机制提供理论支持。而在实际工作中管理者能善于及时地发现馆员的潜能，做到人尽其才，才尽其用。把有能力的、有干劲的人放到重要位置上去，从而营造一个有利于馆员良性竞争的环境，有效地调动馆员的工作积极性和能动性。

（4）"学习型组织"理论与图书馆管理

"学习型组织"作为20世纪90年代以来发展起来的一种全新的管理理论，是建立在系统动力学的基础上的。它的研究最早可追溯到20世纪60年代。其代表人物就是美国麻省理工学院教授，著名的管理学家彼得·圣吉。在他的代表作《第五项修炼—学习型组织的艺术与实务》一书中圣吉教授认为，"学习型组织"是以五项修炼为基础的，这五项修炼指的就是：自我超越、改善心智模式、建立共同愿望、团体学习、系统思考。它的本质就是要努力并善于组织全体成员进行不断地学习。学习型组织理论的问世引起了管理学界和企业家的广泛关注，并在企业实践中取得了良好效果。作为管理理论中的新思想，它融合了当代终身教育思想，把学习作为组织的生命源泉，是当今最前沿的管理理论，建立学习型组织成了以后管理发展的新趋势。学习型组织本身是一种宏观的管理理论，其适用的范围非常广泛。它不仅可以用于企业管理，也适应于国家、城市、学校及一切"组织"的管理，并且在多个领域取得了成功的先例。

"学习型组织"理论同样可以适应于图书馆管理，美国的亚利桑那大学图书馆和伊利诺伊州的北部郊区图书馆系统就是依据该理论构建的"学习型图书馆"。这种理论应用在图书馆管理的优势主要通过其五项修炼来实现的，具体包括：自我超越、改善心智模式、建立共同愿望、团体学习、系统思考。

三、现代图书馆管理建设

（一）现代图书馆管理的内涵

黄宗忠认为，图书馆管理就是通过计划、组织、指挥、协调和控制等活动，最合理地使用图书馆系统的人力、财力、物质资源，使之发挥最大作用，以达到图书馆预期目标，完成图书馆任务的过程。

吴慰慈认为，图书馆管理是对图书馆的文献信息、人力、财力、物质资源，通过计划和决策、组织、领导、控制、协调等一系列过程，来有效地达成图书馆的目标的活动。

郭星寿认为，所谓图书馆管理，就是遵循图书馆工作的规律，依据管理工作的内容与程序，在图书馆系统最优化的条件下，充分利用其资源，以有效地实现其社会职能的一系列有组织的活动。

原国家教委高教司《图书馆管理学教学大纲》提出：图书馆管理是指以图书馆发展的客观规律为依据，遵循管理工作的内容与程序，建立优化的管理系统、合理配置和利用图书馆资源，实现其社会职能的控制过程。

综合以上关于图书馆管理的论述，我们可以看出，当前，图书馆的管理概念是因各学者或组织的出发点及角度的不同而产生的不同看法。但依据管理的基本原理来看，其内涵都具有一定共同之处，只不过是由于将管理的基本原则同方法、技术、手段混为一谈，所产生的一些偏颇，因此，有必要对这些主要的图书馆管理概念相互关系加以分析，对其概念中所具有的内涵加以理解把握。

（二）现代图书馆管理的特点

图书馆管理是一种存在于社会中特殊的实践活动，是人类在进行文献信息资源的搜集、整理、储藏、利用过程中形成的一种管理活动。因此，图书馆管理除了具有一般社会实践活动的共性特征如客观性、能动性和社会历史性等特征，还具有自己特有的特点。

（1）综合性

管理是以研究企事业单位中人的活动规律，用科学的方法改进管理工作，充分调动人的积极性的一种行为。它主要是以人为中心的各种管理行为为对象，发现活动规律，并通过合理地组织和配置人、财、物等因素，提高企事业单位中的工作效率，调动人的积极性最终达到提高生产力的水平的目的。而图书馆服务工作的主体是读者，以读者为中心，维护图书馆服务工作的正常运行和发展进步，图书馆的管理者无非是要解决好人与环境、人与人之间各种关系问题。所以说，图书馆管理实质上是围绕管理和服务进行的，是多种综合的结果。

（2）理论性

图书馆管理是一项特殊的管理活动。在管理的实际运行中，可以借鉴多种基础理论的研究成果，如管理学、图书馆学、情报学、经济学、心理学等一系列学科。这些学科的某些优秀成果与图书馆管理相结合，并具体运用到管理的实际运行中去，使图书馆的管理以深厚的理论为基础，以便能更好地推动图书馆事业的发展，提高图书馆在人类社会进步中的地位和作用。

（3）科学性

图书馆管理是一项具有科学性的活动，从图书馆产生之初，人类就知道采用一些方法以便更方便地查找文献信息。因此，在图书馆管理的过程中，人们发现了很多的方法管理和利用文献信息资源，这些方法逐渐形成了图书馆管理工作的规定，有些甚至上升成标准和法律。因此，图书馆管理是项具有科学性的活动。

（4）组织性

随着图书馆事业的发展，图书馆已经逐渐形成了规模化，图书馆管理活动也复杂起来。管理活动中涉及的各种资源也越来越多，人力、物力、财力、文献信息等因素交织起来影响着图书馆的管理活动运行。对这些资源的管理的好坏直接影响着图书馆的正常运行，所以在图书馆管理中要有计划、有目的地去进行管理，图书馆管理是一项系统地有组织的管理活动。

（5）动态性

管理活动的本身就是要在不断变化的环境中进行。为了应对不同的读者需求图书馆管理要变化，为了文献信息的形式改变管理要变化，为了随时改变的社会环境管理活动也要变化。所以，图书馆管理是一项要随着服务对象、工作环境和社会环境等因素变动而进行改变的活动。只有跟上时代的变化，随时适应影响图书馆发展的各项因素，才能使图书馆符合社会发展的需求，不被时代所遗弃。

（6）协调性

图书馆管理涉及图书馆各项业务活动和行政管理活动等方方面面具体的活动。这些具体活动直接影响着图书馆管理能否正确、正常和有序地进行。图书馆管理就是要使这些具有关联性的各种业务活动和行政管理活动中的人际关系、利益关系处于一种和谐、平衡的状态，消除管理活动中的各项不利因素，从而减少内耗、降低摩擦，发挥组织的协同作用，使图书馆有限的人力资源、信息资源发挥出最大的效用。

（三）现代图书馆管理环境

图书馆管理环境是指可能对图书馆行为和管理活动产生直接或间接影响的各种因素的总和。根据各种因素对图书馆管理的影响程度不同，可以将环境分为图书馆管理的外部环境和内部环境。图书馆管理就是要了解这些因素变化的情况，及时掌握环境变化的信息，以进行正确的决策。

（1）图书馆管理的外部环境

1. 一般环境

一般环境是图书馆管理的外部环境之一，又称为宏观环境，是指对图书馆管理活动产生影响，但其影响的相关性不强或间接相关的一些因素。这些因素对图书馆的影响虽然不是直接的，但有可能对图书馆产生某种重大的影响。具体包括：

政治环境，政治环境的稳定是图书馆发展的基础因素，国家对图书馆的重视程度直接决定着国家对图书馆的宏观调控政策、财政对图书馆的支持和图书馆管理的对外交流情况。

经济环境，指的是包括社会经济结构、经济发展水平、经济体制和宏观经济政策等几个方面，它们构成图书馆生存和发展的社会经济状况及国家经济政策。

法律环境，指的是与图书馆相关的社会法制系统及其运行状态。当前，越来越多的国家将图书馆和图书馆管理纳入法治化管理渠道，为图书馆的发展提供了稳定发展的基础和保证，我国目前的图书馆和图书馆管理还没有上升到法律层面，有必要向此方向发展。

科技环境，是指图书馆所处的社会环境中的科技要素及与该要素直接相关的各种社会现象的集合，包括社会科技水平、社会科技力量、国家科技体制、国家科技政策等。科技环境对图书馆的影响巨大,现代图书馆的快速发展与科技发展密切相关,所以关注科技环境有利于图书馆的发展。

社会文化环境,包括一个国家或地区的人口、家族文化教育、传统风俗及人的道德和价值观念等。这些因素影响着图书馆的数量、文献信息资源的收集方向以及图书馆的服务对象等方面。

2.特殊环境

又称微观环境或任务环境。是指对图书馆的组织目标实现产生直接影响的外部环境因素。与一般环境因素相比,这些因素对图书馆的影响更频繁、更直接。包括。

读者或用户,是指利用图书馆文献信息资源的人群,是图书馆服务的对象,是图书馆存在的必要条件,对图书馆的影响是起着决定性作用。

文献信息资源的供应者,包括出版社、图书馆经销商、数据库的开发者和经营者、信息设备的开发和生产,当然也包括各种信息、技术和服务等。这些供应者提供的产品或服务的数量、质量和价格直接影响着图书馆的文献信息资源的保藏程度、水平和服务的质量。

图书馆的竞争者和合作者。网络信息服务使图书馆的发展面临着巨大的困难,它的方便、灵活、丰富性影响着传统图书馆的管理,为此,图书馆的管理要向网络信息服务的管理模式借鉴,以及调整自身的战略目标。同时,与网络信息服务合作,发展自身特色的网络信息服务平台,促进自身发展。

业务主管部门,多数类型的图书馆,都是受一定部门的领导。与这些部门的良好沟通,是保证图书馆朝着既定目标前进的基础之一。

以上这些环境因素构成了图书馆管理的外部环境。外部环境的不确定性和复杂性使图书馆在存在和发展过程中要不断密切关注这些因素的变化、建立一定的缓冲机制和弹性机制以适应这些因素的影响,并加强自身对外部环境的控制,努力调适图书馆管理使外部环境对图书馆的负面影响降至最低。

(2)图书馆管理的内部环境

图书馆管理的内部环境一般包括图书馆文化(图书馆内部气氛)和图书馆的基础条件两部分。

1.图书馆文化

图书馆文化是处于一定经济、社会、文化背景下的图书馆,在长期的发展过程中逐步生成和发展起来的日趋稳定独特的价值观,以及以此为核心而形成的行为规范、道德规则、群体意识、风俗习惯等。一般可分为三个结构层次,即:表层文化—物质文化层,包括馆舍馆貌、工作条件、工作设施配备情况等是图书馆内层文化的物质体现和外在表现;中层文化—制度文化层,是指对馆员和图书自身行为产生规范性、约束性影响的部分，主要包括工作制度、责任制度和其他特殊制度等，这些是图书馆物质文化和精神文化的中介；内层文化—精神文化层，包括用于指导图书馆开展读者服务活动的各种行为规范、价值标准、职业道德、精神风貌及馆员意识等。

2.图书馆的基础条件

图书馆的基础条件是指图书馆所拥有的各种资源的数量和质量情况，包括人员素质、文献信息资源的储备情况、科研能力等。

这些因素与其他因素一样，影响图书馆的目标的制订与实现，而且还直接影响图书馆管理者的管理行为。

（四）图书馆管理的职能

图书馆管理的职能指的是管理在图书馆的业务、政务管理和职工生活管理过程中所发挥作用，是管理职能在图书馆的具体执行和体现。

（1）决策职能

决策是行动的先导，是最重要的管理职能。一般说来，这项职能是图书馆领导机关的主要功能。当然，为了在图书馆管理的过程中最大限度和最有效地发挥决策职能，还应该实现管理决策的科学化、民主化，还必须建立健全民主决策制度，注重信息的公开化。因为决策不仅仅是方案的一次性选择，实际上行政决策贯穿于图书馆管理过程的始终，管理的其他各项职能都离不开决策活动，整个管理实际上是一系列决策的总汇。可以说，管理就是决策。

（2）计划职能

计划职能是指图书馆各个部门为了实现既定的行政决策目标，对整体目标进行科学分解和测算，并筹划必要的人力、物力，拟定具体实施的步骤、方法以及相应的政策、策略等一系列管理活动。具体包括计划的制订、计划的执行和计划的检查监督等环节。其目的是使图书馆的各项工作能够有计划、有步骤、有方法地进行，以杜绝领导工作的随意性，避免对图书馆管理的消极影响。

（3）组织职能

图书馆管理组织职能的目标就是具体落实和实现决策和计划，是实现管理目标和管理效能的关键性职能。组织职能具体包括对图书馆各种工作机构的设置、调整和有效运转；各机构职权的合理划分；对全馆工作人员的选拔、调配、培训和考核；对资金、固定资产和其他物品的安排和有效利用；对执行活动中的各项具体工作进行的督促、检查和指导等。

（4）协调职能

图书馆管理中的协调职能，是指对图书馆行政部门、业务部门以及全体工作人员之间的各种工作关系进行调整和改善，使它们按照分工协作的原则，互相支持、密切配合，步调一致，共同完成本馆内预定的任务和工作。现代图书馆管理，是专业化协作的管理，没有协调要达到共同目标是不可能的。因此，协调是管理运行过程中的一项职能，具体内容包括：协调行政管理机构之间，业务管理机构之间，行政管理和业务管理机构之间，工作人员之间、工作人员与行政管理部门、业务管理部门之间，与本单位之外的政府、企事业和其他组织之间的关系。

（5）控制职能

控制职能是指管理按照行政计划标准，衡量计划完成情况并纠正计划执行中的偏差，以确保计划目标的实现。图书馆管理的控制职能贯穿于行政管理的各个方面和全过程。做好控制职能一般要注意以下几个方面：第一，确立控制标准，使各项工作有可衡量的指标，以采取正确的纠正措施；第二，对管理行为的偏差进行检查和预测，对图书馆管理工作的实际结果与质量标准监测，获取管理工作的偏差信息，为下一步采取控制措施提供依据；第三，采取相关措施对图书馆管理工作的行为和过程进行调节，即判断管理行为偏差的性质和层次，确定偏差的程度和范围，找出产生的全部原因，制订相应具体的纠正措施；第四，实行有效的监督，即根据行政目标、计划和控制标准，监察、督导行政过程的正常发展和行政系统的有序运转。

总之，图书馆管理的职能是图书馆各个机构设置和改革的重要依据，也是管理运行的必需环节，科学地认识、确定管理各方面、各阶段的职能和保持它们之间的有机的联系，并适应环境和形势的变化及时地转变职能，对有效地进行图书馆管理，具有十分重要的意义。

第二节　现代公共图书馆行政管理体系的研究

一、图书馆行政管理概述

（一）图书馆行政管理的定义

我们知道"管理"一词的历史与行政相比，显得更加久远，范围也更加广泛。可以说，人类社会的管理现象与人类社会是同时产生的，只要存在着两个以上的个人或两个以上群体的共同活动，就有了管理活动。而"行政"一词在中国最早可以追溯到2000多年前的《左传》中的"行其政事""行其政令"。《史记周本纪》首次把"行政"连用，其意思就是指对国家政务的管理。"行政"一词在西方社会也可以追溯到古希腊时代，亚里士多德就使用过"行政"一词。现代英语Administration，即行政，按国际通用的《社会科学大辞典》的解释：行政指的就是国家事务的管理。这种起源于原始氏族和部落公共事务的管理，随着阶级和国家的产生而产生，并随着阶级和国家的变化发展而变化发展。因此，作为管理的一种形式，结合行政的具体含义，人们将行政又称为行政管理。在当前社会，行政管理的概念已经大为扩展，其含义也有了本质的不同。

目前，对于行政管理概念的理解存在着一些分歧，主要有以下三种观点：一是狭义的行政管理。从国家"三权分立"的角度理解行政管理，认为行政管理是国家行政组织即政府系统依法对国家事务和社会公共事务进行管理，是国家行政权力的运用。二是广义的行政管理。这种观点从整个国家管理的角度理解行政管理，认为行政管理的范围应该包括整个国家的管理活动，即凡属国家机关的活动都是行政管理活动。三是最广义的行政管理观点。认为行政管理不仅包括一切国家机关的管理活动，而且包括企业、事业单位和群众团体管理活动。

图书馆的管理工作按不同的工作内容可以分为业务管理和行政管理。其行政管理工作指的就是图书馆的管理者，按照本单位的工作特点和工作性质，通过计划、组织、决策、指挥、控制、协调等一系列行为，使图书馆的人力、财力、物力、时间等资源合理地得到利用，以帮助完成图书馆工作最终要求达到的目的。图书馆行政管理作为图书馆管理工作的重要组成部分，承担着图书馆建设中的辅助作用，为图书馆业务发展和读者管理提供有效地保证。

（二）图书馆行政管理的基本原则

图书馆行政管理的原则是行政管理本质的反映，其实际内容和具体地表现形式，是决定行政管理工作如何进行、怎样进行的基本准则。

（1）服务性原则

图书馆行政管理的服务性原则指的就是行政管理工作是为本单位的各项基础业务管理提供服务的，既包括工作人员需要，也包括广大读者的需求。服务性原则，不仅贯穿于行政管理过程的始终，而且贯穿于行政管理的各个领域和各个环节。

（2）效率原则

所谓效率原则在图书馆行政管理中的运用指的就是用最少的行政投入（包括人、财、物等），获得最大的行政产出（包括社会效益、经济效益等）。具体应该从以下几个方面着手。

第一，建立高效率的行政组织机构。

第二，建立和健全行之有效的行政工作程序。

第三，健全岗位工作责任制。

(3) 整体原则

图书馆行政管理工作是一个多方面、多层次、多环节相互依赖、相互作用的有机整体。一方面，行政管理工作对图书馆基础业务具有辅助作用。为图书馆业务管理提供财力、物力的支持。另一方面，行政管理工作又决定着图书馆的发展方向，所以要求行政管理部门要积极与业务管理部门互相沟通，使行政信息协调、统一地在各部门之间运行，使业务部门与行政管理部门形成一个相互促进的整体，实现图书馆管理的目标。

二、图书馆行政管理的组织结构

（一）图书馆行政管理组织结构设置的必要性

图书馆的行政管理组织也是图书馆开展本单位管理活动的基础。依靠行政管理组织图书馆工作人员可以在本单位这个框架内进行交往互动，满足各种工作需求，实现图书馆业务的正常进行。图书馆行政管理组织是一种有着相对明确的边界、规范的秩序、权威层级、沟通系统及成员协调的集合体，这一集合体具有一定结构性，其从事的活动往往与多种目标相关，其活动对图书馆工作人员、图书馆本身以及外部社会环境都产生一定的影响。

（二）图书馆行政管理组织结构设置的原则

在现代化图书馆的行政管理中合理的行政组织结构是各项基础业务的客观要求，这就要求图书馆行政管理组织结构设置时应遵循以下一些原则。

(1) 权责对等原则

图书馆行政管理职责是本组织成员在一定职位上应该担负的责任。而其职权则是为了担负责任所应该具有的权力，组织中的每一个职位之间的任职者都具有相应的权力并承担相应的责任。由于权力、责任和职位之间的相关性，因而人们往往把职位上的责任和权力简称为职权、职责。为了能够使行政管理人员完成其职责，要求在组织结构设置时要注意权责对等。

(2) 统一指挥原则

图书馆内部的部门和职位之间的地位并不平等，而是具有层次结构的，这就产生了上级如何指挥下级的问题。因此，在图书馆的行政管理中要求贯彻统一指挥的原则。

(3) 高效精干原则

图书馆的行政管理组织设置要把高效精干原则放在首要位置上，力求减少管理层次，精简管理机构和人员、充分发挥组织成员的积极性，提高管理效率，在保证行政管理职能的基础上，要更好地实现本单位的工作目标。

（4）分工协作原则

图书馆组织设计要确保组织内既有合理的分工，又要在分工的基础上保持必要的协作。由于组织机构之间的分工不能过细，以避免机构增多、浪费人力资源以及部门之间责任不清和职能交叉等情况。所以应根据组织的具体情况从各项管理职能的业务性质出发，在行政管理的组织内部进行合理的分工，划清职责范围，提高管理专业化程度，以达到提高工作效率的目的，并且加强协作、相互配合。

（三）图书馆行政管理组织结构模式

职能型组织结构是图书馆行政管理组织在自身的发展过程中形成的结构模式。这种结构是在馆长统一领导下，按照各项工作职能分工设置图书馆的若干部门，每个职能部门直接对其上级领导负责，并在其职能范围内对本部门的员工有指挥、协调、监督等控制权力。

职能型组织结构的优点是，各级管理者分工明确，可以充分利用本部门的资源，有效地处理比较复杂的问题。对提高馆员的积极性、主动性和创造性具有良好的效果。同时，职能型结构还可以减轻上级领导的工作负担，使其能更好地处理重大问题。但是这种组织结构的缺点是，容易造成多重领导，出现政出多门的现象，各部门容易从各自的利益出发，造成互相推诿的情况，进而影响统一指挥、增加了协调的困难。这种情况下，就需要较高层次的领导在进行管理的过程中关注大局，从图书馆的整体发展出发，避免各自为政的出现。

三、图书馆人力资源管理

行政管理无非就是对人的管理。图书馆人力资源管理的任务就是确保图书馆在适当的时间获得适当的人员（包括数量、质量、层次和结构等），实现人力资源的最佳配置，使图书馆和馆员双方的需要都能得到满足。所以人力资源的管理部门作为图书馆行政管理的基础部门之一，承担着对馆内工作人员的规划和选拔、培训和开发，保留和激励，评价和考核工作。我们知道，有效的人力资源管理，有助于管理者成功地实施组织战略。图书馆的人力资源管理应以确认、发展、激励和评价与组织的目标一致的活动为着眼点，着重发挥馆员的创造力和构建学习和创新的工作环境，从而创造和激励一支成功的图书馆工作人员队伍。

（一）馆内人力资源的规划工作

人力资源的规划目的是保证实现单位的各种目标，并有助于改善人力资源的配置，降低用人成本，同时谋求人力资源使用的平衡，谋求人力资源科学有效地开发。图书馆人力资源规划指的是为了达到本单位的战略目标与战术目标，根据馆内当前的人力资源状况，为了满足未来一段时间内组织的人力资源质量和数量方面的需要，而作出的决定引进、保持、提高、流出人力资源的工作安排。当然，在制订人力资源规划时要充分考虑图书馆内外环境的变化，注意图书馆的战略与馆员规划的衔接和必须是以图书馆发展为前提。

图书馆工作人员按工作岗位划分，可分为行政管理人员、业务管理人员和后勤人员。其中行政管理人员和业务管理人员是图书馆工作人员的主体。行政人员主要负责图书馆内部事务的管理和对外事务的沟通，而业务人员主要负责图书馆的各项特色业务，但无论是行政人员还是业务人员的工作内容、职位安排都需要根据图书馆的战略计划进行、特色发展设计，以满足图书馆的未来发展的远景规划。因此，人力资源管理部门要根据馆内人事的需求，通过人事决策、工作设计和职位优化组合，加强有特色的馆员配置，制定相应的政策体系，及时发布人事信息，以便在不断变化的图书馆工作中有效地管理好本馆的人员，使图书馆最活跃的因素—馆员，最大限度地发挥作用。

（二）馆员的招聘

在图书馆人事管理中，聘用合适的人员尤显重要。一方面保证聘用到优秀的组织成员，能够胜任工作，做到人尽其职；另一方面，优秀的馆员能满足本单位的工作需求，从而使职得其人，有利于图书馆的发展。因此，聘用是人力资源管理系统工作中的首要功能，是图书馆补充人员的主要渠道，也是获得最佳人选的好办法。通过对招聘的有效规划，使馆员队伍拥有更高的知识、技能和能力。

（三）馆员的培训与再教育

对图书馆来说，馆员培训开发具有十分显著的作用。图书馆是一个以提供信息服务为主的组织机构，而当今社会又是信息社会，信息更新之快，让人目不暇接，加之信息技术的不断发展，计算机技术、多媒体技术、网络技术等被大量引入图书馆，使图书馆的资源结构、信息处理技术、服务项目和手段都已经发生巨大变化。如何保持在这种信息高速发展、变化的时代保证图书馆的发展，是图书馆在发展过程中遇到的一项困难，而馆员的再教育和培训开发是解决这个困难的关键因素。教育和培训目的就是为了提高馆员的知识水平，通过补充和提高馆员的专业技能，帮助馆员发展相互沟通、配合的能力。因为，只有加强在职人员的知识更新，不断提高馆员的专业素质和修养，才能使其与图书馆事业同步发展，并跟上信息时代的变化。同时，根据馆员知识更新的情况，考察他们的业务水平，继而对其进行评议，做到择优选拔。

（四）馆员职业生涯规划和设计

图书馆的工作人员在自己完整的职业生涯中，有安全性、挑战性和自我发展的需要。人力资源管理部门要善于有效地把图书馆的工作目标与馆员个人的职业发展目标结合起来,关注馆员的职业愿望、职业价值、职业感知和对职业经历的有效反应,努力为他们确定一条可依循、可感知、充满成就感的职业发展道路。通过本单位的职业发展规划、晋升计划等达到保留和促进馆员自我发展的目的,以提高图书馆业务水平。

(五) 馆员激励

图书馆行政管理的目的,就是要充分利用馆内所拥有的资源,使图书馆处于高效运转的状态。图书馆所拥有的资源,无非就是人、财、物和信息四大类,但人才是这四类资源中最重要的资源,其余三种资源都需要人来操作,才能发挥其功能。所以图书馆人力资源管理要注重馆员激励措施的运用,提高馆员的工作热情。这里可以将激励理解为创设满足馆员工作、生活的各种条件,用于激发馆员的积极性,使之产生实现图书馆工作目标的特定行为的过程。主要包括以下几种激励措施。

(1) 物质激励

通过正负激励手段,即发放奖金、津贴、福利、罚款等调动馆员以期大家多做贡献。但奖罚措施要公之于众,形成制度稳定下来,在实践过程中要力求公正,不搞"平均主义"。

(2) 精神激励

精神激励属于在较高层次上调动职工的工作积极性,较之物质激励,精神激励能在更大程度和更长时间里起到刺激效果。

(3) 情感激励

情感激励指的就是加强与馆员的感情沟通,尊重馆员,使馆员始终保持着良好的情绪以激发职工的工作热情。这会使得馆员在良好的心态下拓宽思路,从而快速解决所遇到的工作问题。可以看出,情感激励是一种动机激发功能。具有创造良好的工作环境,加强管理者与馆员之间以及馆员之间的沟通与协调的作用,是情感激励的有效方式。

(4) 发展性激励

发展性激励就是图书馆为馆员创造学习与成长的机会,包括设置挑战性的工作任务、提供更多的学习与培训的机会、合适的轮岗安排、职业生涯设计与使用等。其中,职业生涯发展体系通过为馆员构建职业开发与职业发展轨道,最大限度地开发个人的潜能并充分发挥其潜力,使之与馆员的职业需求相匹配、相协调、相融合,使图书馆的发展与馆员的需求达到最佳的结合,最后达到满足馆员和图书馆的需要,获得双赢的结果。因此,职业生涯发展成为发展性激励的主要内容。

四、图书馆财务管理

（一）图书馆财务管理概述

行政管理体系中除了对人的管理以外，另一项重要的管理对象就是对钱和物的管理。众所周知，在现今这个高度组织化的社会，无论是从事社会管理的政府，还是从事营利活动的企业，甚至一个家庭都离不开人力、物力、资金等要素的运转和支撑。当然，企业等以营利为目的的机构组织中，追求利润最大化是其终极目标，它代表了企业等组织努力实现的最终结果。而图书馆作为一个为社会提供信息服务的非营利性公共组织，其业务活动的目的不是追求利润，而是为社会提供一种公益性服务，其所拥有的财务资源只是实现最终目的的手段，利润本身并不是图书馆的最终目标。但即使这样，图书馆的财务资源管理仍然是图书馆行政管理工作中的一项重要内容。如何加强图书馆资金的管理、扩大图书馆资金来源的渠道、严格控制各项费用的支出、合理安排资金计划，从而使图书馆资金预算计划顺利完成，是保证图书馆正常运行的物质基础。

因此，所谓图书馆的财务管理就是在日常管理中遵循资金运转的客观规律，对图书馆的财务活动及其所体现的财务关系进行有效的管理。这里的财务管理活动包括资金的筹措和分配、制订财务计划和预算、设立专门的财务管理组织、实施财务计划和预算、进行财务监督的全过程。其目标就是控制图书馆的经济活动，提高经费使用的经济效益，维持图书馆良好的财务状况，为图书馆基础服务工作提供物质保证。

（二）图书馆运转资金的筹措

图书馆作为非营利的公益性服务组织，其运转资金主要依靠政府的投资。即使是大学图书馆的运转资金表面上看来源于学校的经费预算，但究其根源同样是来自政府对教育的投资。所以，图书馆的发展在很大程度上由国家财政投入的程度决定。当前，我国各种类型的图书馆都存在着经费紧张的现象，从而极大影响了图书馆的信息服务质量。如何在现有情况下，扩大图书馆运转资金的来源，又能保持图书馆作为非营利组织的公益性，这就要求在图书馆发展中，扮演幕后角色的财务管理发挥其应有作用，在资金筹措中为图书馆开辟新的途径，找到新的方法。

继续加强政府对图书馆工作的重视，提高政府对图书馆的投资力度。不断地强化政府对图书馆作用的重视，使政府认识到图书馆在现代文化生活中的作用和价值。

加大图书馆宣传力度，吸收各方捐赠。捐赠一直以来就是图书馆获得物质资助的一种方式，主要以捐赠图书、期刊为主，金钱性质的捐赠并不是主流形式。图书馆如果想吸收各方的捐赠就要有计划和目的地向这几种类型的捐赠者进行自我宣传，宣传方式可以灵活多样，但态度要真诚，对吸收的捐赠的管理要公开、透明。

（三）财务预算管理

由于资金的有限性和支出需求的无限性，使得图书馆资金在分配过程中要在可能的支出目标之间进行选择，找出优先的支出重点，这对本单位的资金分配具有重要意义。因此，财务预算管理在图书馆财务管理中是一项重要工作内容：。所谓财务预算管理指的就是图书馆对一定期间内取得及使用资金的计划。通过对预算资金的筹措、分配、使用所进行的计划、领导、组织、控制、协调、监督等活动。其目的是完成预算收支任务，提高资金的使用效率，控制财务风险损失，更好地履行自己的职能，优质高效地完成图书馆的任务。

图书馆的财务预算是一种权利规制管理，体现了以政府为主要出资者的管理者对资金获得者的权利授予与约束。尤其是图书馆作为非营利性的公益组织，其资金来源于国家财政拨款，为了更好地履行自己的职能，优质高效地完成图书馆的任务，图书馆应该接受国家、政府以及公众对自己的资金约束和监督。管理者应该认识到财务预算不等于一个简单的财务预测或计划，而是作为一部内部"宪法"，在图书馆中贯彻执行。

财务预算的关键在于预算编制，对于图书馆的预算编制来说，第一，需要根据图书馆的发展需要，确定具体的资金分配方案，要具体化、数量化；第二，应该综合、全面地考虑和分析图书馆发展中的可能变化，并以货币计划的形式具体、详细地反映出来；第三，坚持综合平衡收支、略有结余，尽量避免预算赤字；第四，应量入为出，根据财务具体情况安排支出。

第三节 现代公共图书馆服务管理体系的研究

一、图书馆外借和阅览管理

（一）图书馆外借服务管理

（1）图书馆外借服务的概念

图书外借服务是图书馆服务中最传统和最基础的业务活动。这是图书馆针对自己的服务对象提供的一种，允许读者将馆内藏书$和其他类型的文献带出馆外使用的服务。

为了能享受到这种服务，读者一般要符合一定的条件。第一，必须在该图书馆注册，成为该馆的正式的享有外借服务的读者。第二，读者必须向图书馆提供一定的担保，这种担保有时是一定数量的金钱，有时是具有某种特定的身份。第三，必须履行一定的借阅手续，遵守一定的外借规定才能获得图书馆的允许将图书或其他类型文献带出馆外。第四，读者享受的借阅时间是有限的。

（2）图书馆外借文献的管理方式和服务类型

目前，图书馆对自己拥有的馆藏图书或其他类型文献资源的管理方式一般有三种模式。

第一种是开架式管理方式。这种方式是现在最流行的一种管理方式，读者可以与文献近距离接触，仔细挑选自己所需的文献内容。

第二种是半开架管理方式，读者可以看到这些文献，但不能直接接触到这些文献，必须办理一定的手续才能使用这些文献。

第三种，是闭架式管理，读者只能通过检索的方式得到文献的相关信息内容，然后办理手续后，才能接触到这些文献。

这几种外借文献的管理方式目前在图书馆都有采用。根据文献的内容、形式、年代等因素由图书馆灵活掌握，在保证读者正常使用的情况下，年代较新、复本较大的图书一般采用开架和半开架管理，而对一些特种图书可以通过闭架管理进行保护。对于允许外借的文献，图书馆的外借服务类型比较丰富，其中最主要的类型有以下五种。

第一种是个人外借。个人外借是指读者以个人的身份独立进行的，读者可以凭借本人的图书馆借阅证到图书馆服务台办理相关借阅手续。

第二种是集体或单位组织外借，是专为相关企业、行政单位或具有团体性质的服务对象设立的一种文献外借服务方式。一般对这种服务对象的外借要求图书馆可以给予一定的优惠政策，如数量、时间等给予增加或延长。

第三种是馆际互借。是根据图书馆之间签订的某种合作协议，给予对方服务对象与自己服务对象相同的外借服务，以满足更多读者或用户的文献信息需求。

第四种是图书预借。对已经外借的文献，读者可以通过预约，保证自己能及时获得该文献的使用权的一种外借服务类型。

第五种是流动外借。是一种通过流通站、流动车、送书上门等形式实现读者外借文献的需求，目前这已经是公共图书馆系统中一种常用的服务方式。

（二）图书馆阅览服务管理

图书馆阅览服务，又称为内阅服务。是指图书馆利用自身的文献资源和空间设施提供给读者在馆内阅读的服务活动。阅览服务也是图书馆基本服务工作的重要组成部分，在当今社会的图书馆中，阅览服务与外借服务基本已经融为一体，外借很多时候是在阅览的基础上进行的，很多图书馆的外借室又是阅览室，目前最流行的图书馆文献管理方式就是藏、借、阅一体化的服务模式，我们也可以称这种服务模式为一站式服务。在这种服务模式中，图书馆彻底采用了"以人为本"的服务理念，读者在阅览过程中无须通过任何手续就可以自主实现文献的选择、充分享受了自由阅读方式带来的便利。为了能给读者提供更优质的阅览服务，图书馆应在阅览服务中做好以下工作。

（1）提供舒适的阅览环境

阅览室是读者最常使用的地方，所以多数图书馆的阅览室人群密度都比较大，环境也显得拥挤。在这种情况下，图书馆更应该改善阅览室的环境。第一，对阅览室的桌椅要精心挑选，尽量选择那些符合人体曲线的设计。第二，保证阅览环境的光线，配备充足的照明设施。第三，加强阅览环境的室内绿化，使读者在疲倦之余，能放松休息。第四，保证空气清新、环境整洁。阅览室过多的人会导致空气污浊，因此，在保证阅览环境整洁的基础上，加强空气流通。

（2）保证阅览时间

阅览服务是图书馆的基础服务，其开放时间的长短是衡量图书馆服务品质的一项重要指标。除非工作需要，很多时候读者只有在其空闲时间才能够走进图书馆。如果图书馆也同其他社会组织一样实行正常上下班和公休制度，那么有些人可能很难享受到图书馆提供的服务。因此，目前很多图书馆都在节假日开放，个别公共图书馆还实行24小时开馆，全年无公休的服务时间。所以，如果能在阅览时间上给读者以保证，将是图书馆服务工作中一件实在的惠民举措。

（3）保证提供文献资源的数量和质量

鉴于阅览室是广大读者最常使用的地方，图书馆对阅览室的文献资源安排应从数量和质量上予以保证。所谓数量是指文献资源的种类要齐全，要有一定的复本量，以保证读者的使用。所谓质量，是指文献资源要丰富，文献的时效性要强，此外由于阅览室的文献利用率高，破损也严重，所以要随时注意修补，并及时淘汰那些无法修补的文献。

（4）平等阅读服务的方式

在传统图书馆阅览服务中，图书馆经常为一些特殊人群开设专门的阅览区，致使图书馆阅览室一边是人满为患，另一方面是座位空置。这就造成了图书馆阅览服务的不平等性。既然图书馆是一个公益性服务机构，那么每个走进图书馆的读者都应享受到平等的服务。除非是涉及残障人士，对普通人来讲，每个人都拥有平等阅读的权利。

二、图书馆参考咨询服务管理

参考咨询服务是图书馆工作人员对读者在利用文献和寻求知识、情报方面提供帮助的活动。它以协助检索、解答咨询和专题文献报道等方式向读者提供事实、数据和文献线索。对图书馆来讲，参考咨询服务是19世纪下半叶就兴起的一项服务内容，其实质是以文献为根据，通过个别解答的方式，有针对性地向读者提供具体的文献、文献知识和文献途径的一项服务工作。目前，许多图书馆设有专门的参考咨询部门，集中工具书和检索工具书等建立参考馆藏，配备具有一定专业知识和熟悉检索工具的专职参考馆员开展此项工作。

（一）参考咨询的特点和作用

（1）参考咨询的特点

参考咨询工作在图书馆服务中是一种深层次的服务。第一，参考咨询的内容具有专业性，它是以图书、情报、信息为基础的具有专业性的服务。第二，参考咨询涉及的内容多样性。读者可能向从事参考咨询的工作人员提出各种各样的问题，这些问题涉及范围多样、种类多样、层次多样。第三，参考咨询工作是一件实用性工作，用以解决读者在文献获取时遇到的实际困难。第四，参考咨询是一项智力性工作，它和外借、阅览服务不同，在参考咨询工作过程中，需要工作人员以自己的个人能力和专业能力来保证服务的进行。

（2）参考咨询的作用

图书馆参考咨询工作在图书馆服务工作中起到了积极的作用。第一，参考咨询具有发挥图书馆情报职能的作用。图书馆情报职能指的就是将无序的文献信息资源整理成有序的、有价值的、有针对性的文献信息，然后将其提供给有需求的读者。第二，参考咨询工作能开发馆内的文献信息资源。工作人员在开展参考咨询工作的同时，能将馆内现有的信息资源进行开发，使之成为更加有用的或更方便使用的文献形式。第三，可以提高文献的利用率。读者或用户通过参考咨询可以更好地了解图书馆的文献信息资源，更频繁、更高效地利用这些资源，从而提高它们的使用效率。

（3）参考咨询的服务内容

参考咨询服务所包括的内容可大可小，涉及的内容方方面面，是一项既简单又复杂的工作，其主要工作内容包括。

1.图书馆的服务指南工作

参考咨询工作的最基本工作就是回答读者和用户的提问。这些问题中很多是关于图书馆基本情况的问题。如图书馆的位置、一些部门的联系方式、某些业务的部门归属、图书馆的整体布局等信息。所以参考咨询工作承担着图书馆的服务指引工作，其工作内容琐碎。

2.图书、期刊等馆藏文献的定位和咨询

在读者利用图书馆的过程中，经常会发生找不到图书、期刊这些馆藏资源的情况。有些是读者对于图书馆不熟悉造成的，有些则是其他原因造成的。咨询人员应根据具体情况给予帮助和解答。

3.向读者做简单的检索方法介绍和检索工具的使用

对不了解图书馆文献信息资源分类情况的读者，咨询人员在做咨询解答时要对读者进行必要的图书分类介绍。对操作容易的检索工作，也应向其演示使用方法，以培养读者自我服务的能力。

4.专题性参考咨询工作

对于较专业化的课题或研究项目需要图书馆提供专题服务的，图书馆应根据实际情况，组织相应的人员来完成，读者咨询工作的反馈总结。对于咨询工作中经常遇到或常见性问题，咨询人员应有计划、有目的地进行总结，建立反馈信息表，为以后的咨询工作奠定基础。

（二）参考咨询的服务方式

（1）设立咨询服务台

在图书馆显著位置设立咨询服务台，由专人进行负责。

（2）建立FAQ标识版

在馆内相应位置，设立常见问题回答版，根据反馈信息及时公布回答结果。

（3）电话咨询

向社会公布图书馆参考咨询服务电话，在图书馆开馆时间内保证畅通。

（4）网络咨询

利用互联网、QQ等方式建立相应的网络咨询体系。

三、图书馆文献检索服务管理

文献检索（Information Retrieval）有广义和狭义之分，广义的文献检索是指将信息按一定的方式组织和存储起来，并根据用户的需要找出有关信息的过程。狭义的信息检索则仅指该过程的后半部分，即从信息集合中找出所需要信息的过程，相当于人们通常所说的信息查询（Information Search）。图书馆基础服务中的文献检索服务指的就是狭义的文献检索。图书馆开设这种服务的目的是帮助读者节约时间和精力、使他们能方便快捷地获得所要查找的相关文献信息。同时，还可以为读者或用户提供最新的知识背景，使读者和用户花费最少的时间了解最多的信息资讯，并可以跨越语言和专业的限制，对其他国家和领域的文献深入了解。

（一）文献检索需要运用的语言

文献检索语言是为加工、存储、检索文献信息而编制的一种具有统一标准、用于信息交流的人工语言，也就是用来描述信息源特征和进行检索的人工语言。检索语言在信息检索中起着极其重要的作用，它是沟通信息存储与信息检索两个过程的桥梁。在信息存储过程中，用它来描述信息的内容和外部特征，从而形成检索标识；在检索过程中，用它来描述检索提问，从而形成提问标识；当提问标识与检索标识完全匹配或部分匹配时，结果即为命中文献。检索语言按原理可分为四大类。

（1）分类语言

分类语言是指以数字、字母或字母与数字结合作为基本字符，采用字符直接连接并以圆点（或其他符号）作为分隔符的书写法，以基本类目作为基本词汇，以类目的从属关系来表达复杂概念的一类检索语言。著名的分类法有《国际十进分类法》《美国国会图书馆图书分类法》《国际专利分类表》《中国图书馆图书分类法》等。

（2）主题语言

主题语言是指以自然语言的字符为字符，以名词术语为基本词汇，用一组名词术语作为检索标识的一类检索语言。以主题语言来描述和表达信息内容的信息处理方法称为主题法。主题语言又可分为标题词、元词、叙词、关键词。

（3）代码语言

代码语言是指对事物的某方面特征，用某种代码系统来表示和排列事物概念，从而提供检索的检索语言。

（4）自然语言

自然语言是指在文献中出现的任意词。

（二）文献检索服务工作的步骤

文献检索是一项实践性活动，它要求图书馆工作人员在掌握文献检索的规律情况下，利用文献检索语言在可获得的馆藏文献和非馆藏文献中迅速、准确地查找读者或用户所需要的文献。一般来说，文献检索可分为以下步骤。

第一，明确读者或用户查找文献的目的与要求；第二，选择适当的检索工具；第三，确定检索途径和方法；第四，根据文献线索，查阅原始文献，然后根据要求提供文献检索结果。

（三）文献检索的途径

文献检索途径就是通过什么角度开始检索过程，目前采用的方式有：著者途径，即通过著者、编者、译者、专利权人的姓名或机关团体名称字顺进行检索的途径统称为著者途径；题名包括书名刊名等途径；分类途径，以学科分类为基础，从学科所属范围来查找文献资料，主要是利用分类目录和分类索引；主题途径，通过主题目录或索引，对反映一个主题方面的文献进行检索；引文途径，利用文献所附参考文献或引用文献，而编制的索引系统进行检索；序号途径，通过文献有特定的序号，如专利号、报告号、合同号、标准号、国际标准书号和刊号等进行检索；代码途径，利用事物的某种代码编成的索引，如分子式索引，可以从特定代码顺序进行检索；专门项目途径，从文献信息所包含的名词术语、地名、人名、机构名、商品名、生物属名、年代等的特定顺序进行检索，可以解决某些特别的问题。

（四）文献检索服务中常用的方法

直接法，又称常用法，是指直接利用检索系统（工具）检索文献信息的方法。它又分为顺查法、倒查法和抽查法。

追溯法，是指不利用一般的检索系统，而是利用文献后面所列的参考文献，逐一追查原文（被引用文献），然后再从这些原文后所列的参考文献目录逐一扩大文献信息范围，一环扣一环地追查下去的方法。它可以像滚雪球一样，依据文献间的引用关系，获得更好的检索结果。

循环法，又称分段法或综合法。它是分期分交替使用直接法和追溯法，以期取长补短，相互配合。

在检索过程中各种检索方法要结合使用，以取得更好的检索效果。

四、图书馆文献传递服务管理

（一）文献传递服务的含义和作用

文献传递服务是早期图书情报机构作为馆际互借的一种手段出现在图书馆服务中的，是一种重要的资源共享方式。简单地讲，文献传递就是把特定文献从文献源传递给特定用户的一种服务。现代意义的文献传递是以信息技术的发展为基础发展起来的，具有简便、快速、高效的特点。这种服务方式对图书馆服务具有十分重要的积极作用。

弥补了图书馆的馆藏，解决了馆藏资源不足的问题。由于各种客观条件的限制，图书馆不可能拥有读者或用户需求的所有文献信息。而图书馆服务的最终目的却是满足读者或用户的文献需求，文献传递服务就是解决这二者之间矛盾的最好方法。通过这种简便、易行的服务方式，读者或用户很快就能得到自己所需文献信息资源，保证了文献资源的提供能力。

增加了图书馆的收入,缓解了图书馆经费的不足。资金不足一直是图书馆发展的瓶颈,虽然国家对图书馆事业投入了极大的金钱,但分解到每个图书馆的资金却是有限的,所以图书馆如何从服务中获得经济利益也是图书馆发展中注意的问题。而文献传递在图书馆服务中一般都是收费服务的项目,因此,利用好文献传递服务的经济性就极为重要。

(二)文献信息传递服务的改进方法

(1)转变传统观念,建立新文献信息传递服务思想

国外文献传递服务对我国图书馆的启示就是要冲破观念上的束缚,提高对文献传递重要性和必要性的认识。图书馆在进行文献信息资源的采集时,在合理利用现有经费扩充馆藏资源的同时,应重新设计其馆藏资源形式,利用文献传递来弥补资源的不足。因为,文献传递是以最少的投入获得最大的收益,其提供文献范围广、品种齐全是任何馆藏都无法与之抗衡的。目前发达国家基本上都存在地区性和全国性的馆际互借与文献传递系统。而图书馆评价体系,也应根据文献传递服务的全面铺开,改变以往的评价标准。将可能使对图书馆的评价由"你拥有多少藏书"向"你提供多少服务"转移,以便更好地促进文献信息传递服务的发展。

(2)加强文献信息传递服务的宣传工作

发展我国图书馆文献传递的服务,要向文献信息传递服务的需求者进行全面系统地宣传,使读者或用户将未能获得满足的信息需求交给文献信息传递服务工作。而从事信息传递服务工作的图书馆工作人员要及时按用户提供的要求进行检索、传递,力图在最短的时间内满足读者的需求。

第四章 公共图书馆读者服务及其创新发展

第一节 现代公共图书馆服务的理念

服务是图书馆的永恒主题,在任何情况下图书馆都应不动摇,不偏离、不取代图书馆服务,把服务作为图书馆一切工作的出发点和归宿,把服务作为贯穿图书馆一切工作的主线。然而坚持图书馆的服务主题,并不是说要为读者提供一成不变的服务,而是要根据时代的发展、用户的需求不断更新服务模式、服务内容,为用户提供高质量的服务。进入网络时代以后,随着信息技术的迅速发展和全面渗透,图书馆工作人员也应紧抓时代发展的脉络,积极配合社会的发展进行图书馆服务转型,以便使图书馆能始终适应用户的需求和社会发展的形势。

俗话说:"观念决定行动,思路决定出路。"一个理念的定位差异,将会产生截然不同的结果。随着信息技术的飞速发展,图书馆所面临的信息环境和社会功能正在急剧地发生变化。作为一种信息服务机构,图书馆的作用正随着用户信息渠道的多元化和丰富化发展而被逐渐削弱,图书馆已经不再是传统信息环境下用户的主要信息源。在这种情况下,图书馆的服务理念也在不断演变和衍生。

一、服务理念的概念解析

理念是一个来自西方的词汇,起源于希腊文"philia(爱)"和"sophia(智慧)",故理念含有"爱智慧"之意,这种"智慧"是人类对真理的完全认知与透彻的理解,并将之内化为一体,表现在日常的一举一动之中。

服务理念是人类众多理念的一种,是人们在从事服务活动的过程中形成的主导思想,反映了人类对服务活动的深层次认识,是企业实施和贯彻的以顾客为导向的服务主张、服务思想和服务意识。服务理念是服务活动的指导思想,是企业使命和宗旨的具体体现，也是企业服务的责任和目标。

服务理念一般包括服务宗旨、精神、使命、原则、目标、方针政策等。这些服务理念的内容是企业实践活动中形成的指导思想，在服务中具有积极的作用。

二、图书馆服务理念

一个图书馆的服务理念是这个图书馆对于服务工作的理性认识、理想追求及其所形成的观念体系，它是图书馆人的经验特别是其成功经验的高度概括和系统化，是指图书馆围绕读者服务工作的基本方针，是个图书馆的办馆宗旨、原则、目标，是图书馆的服务方式、服务内容、服务态度等的体现。图书馆服务理念是图书馆一切服务工作的指导思想、理论基础、前进方向和行动准则，它指导着整个图书馆的服务活动，指导着图书馆人去做与之相符的事情，决定图书馆服务工作的开展方式并影响图书馆提供服务的结果。它是图书馆观点和图书馆经验的浓缩和代表，也是图书馆服务形象的关键所在。

先进的图书馆服务理念能有效地推进图书馆改革与发展。图书馆作为服务社会的信息机构，如果没有正确的、先进的服务理念，就好比没有正确的行动指南，就不能担当起应有的社会责任，履行应有的社会职能。之所以这样说，是因为一方面，图书馆服务理念主要是用来指导服务行为的，它对内外公开，让用户对图书馆有更多的认识和了解，它不但能引导用户对服务人员的服务行为进行监督，而且还能统一服务人员的服务思想和行为，以此来规范服务人员的服务态度，进而不断促进图书馆服务的发展。另一方面，在网络时代环境下，图书馆早已失去了信息垄断地位，20世纪甚至出现了"图书馆消亡"论，在新形势下如何实现可持续发展，如何增强其核心竞争力就显得尤为重要和迫切。服务理念影响和决定着图书馆人的思想高度，指导图书馆制定发展规划和战略目标，而发展规划和战略目标往往决定着图书馆的核心竞争力。

由于图书馆社会职能的演进，图书馆的服务经历了从封闭到开放，从借阅到参考服务，从信息服务到知识服务，从无偿服务到有偿服务，从按时服务到及时服务，从馆内服务到馆外服务，从在线服务到全球服务的发展过程。从其发展上来看，在过去，图书馆的服务理念主要有以下几种。

"三适当"准则，这一理念由美国著名图书馆学家杜威在1876年提出，是说图书馆要在适当的时间。给适当的读者，提供适当的服务。在杜威之后，印度图书馆学家阮冈纳赞在其著作《图书馆五原则》中对"三适当"原则又做了创新和发展，提出了"书是为了用的、每个读者有其书、每本书有读者、节省读者的时间，图书馆是一个生长着的有机体"五项原则，为图书馆理念的确立奠定思想基础。

每个图书馆都试图建立自己的比较完善的服务体系，争取不依靠外界支持，自己能够为用户提供完备的服务，从而形成一个自我封闭的内向型服务体系。

公益服务理念，在中华人民共和国成立初期，我国的图书馆大多是国家建立的，是完全公益性的，这就使得为公众服务的公益性成为图书馆服务的一大理念。但这一理念同时也带来了一个问题，即图书馆经费由国家提供，图书馆服务讲求公益性，从而造成了传统图书馆人浮于事、效率低下的问题，我们应当清楚图书馆的公益服务并不意味着国家对图书馆的发展要无限制地投入，不意味着图书馆的经营不讲求成本效益，图书馆也应不断提升自身价值。

传统图书馆的服务一般是等读者上门，所有的服务基本是以图书馆为中心，可谓是围绕图书馆馆舍展开的。这是在一定发展阶段，科技水平、社会意识和传统习惯多种因素共同作用的结果，即将藏书、馆藏信息作为图书馆的主体并成为读者服务的唯一物质基础。

传统的图书馆面向比较固定的读者群，主要对到馆的读者服务，图书馆以不变应万变，提供固定的一套服务模式，应对不同用户的不同需求。无论你是院士，还是大学新生，都接受同样的服务内容和服务方式。完全是一种卖方市场，由图书馆主宰用户的需求，用户的需求必须适应图书馆所提供的服务。

三、网络时代图书馆的服务理念

随着时代的发展，图书馆界一致认为"服务是图书馆的基本宗旨，是贯穿图书馆发展的主线，是图书馆的核心价值观"。在网络社会，图书馆正日益面临着文化传播载体和传播方式的变革所带来的挑战和冲击，经受着日益严峻的竞争。要想赢得竞争优势，提高服务水平和质量，图书馆人员必须转变服务理念，具体来看，网络时代图书馆人员应树立以下服务理念。

（一）用户至上，服务第一

图书馆的社会价值是从满足用户需求中体现出来的。一个图书馆办得好不好，其办馆效益、社会价值如何，主要以用户对图书馆的认识去衡量，要看他们对利用图书馆的希望程度，对服务项目和服务标准的信誉程度，对服务人员素质和服务水平的满意程度，对服务效果的认可程度。因此在网络时代，在图书馆服务中，不管何时何地，都要"用户至上，服务第一"，要把"为一切用户服务""一切为了用户""满足用户的一切合理需求"作为图书馆服务工作的出发点和归宿。

为充分体现这一指导思想，图书馆采取成立读者工作委员会实施对图书馆工作的具体指导；定期向读者汇报工作，出版图书馆工作年报，如实反映取得的成绩和存在的问题，接受全社会监督；推行义工制，邀请读者积极分子义务协助图书馆工作等。

（二）竞争服务，协作服务

图书馆作为人类知识和信息的传播和服务机构，在网络信息资源的巨大冲击下，面临着重大的挑战和竞争。我们知道，随着现代通信技术、信息技术的快速发展和全面普及，越来越多的人开始倾向于通过互联网来获得相关资讯，同时网络技术也在全面改变人们的阅读方式，更多人（尤其是年轻人）更乐于阅读各类电子书，在这种情况下，人们对信息需求的第一获取途径再也不是图书馆。另外，各类书店及读书组织所提供的购书和阅读环境得到了前所未有的改变，纷纷采取了多种方式为人们提供人性、方便、灵活的服务，深受读者欢迎，更加广泛地吸引了广大读者。面对挑战和竞争，图书馆应该充分利用自身的资源优势，在服务工作中转变观念，变被动为主动，强化竞争意识，进一步做好信息的开发、搜集、检索分析、组织存取传递等工作，在网络建设上，加快网络化和数字化建设步伐，提高员工的素质和业务水平，提高服务质量，确保图书馆在竞争中立于不败之地。

进入网络时代以后，知识传播和挖掘的速度也有了很大提升，现代社会每时每刻都会产生大量的知识与信息，图书馆要想完全搜集、掌握所有的知识和信息显然是不可能的，这就要求图书馆界要树立协作意识，只有通过各服务机构的相互协作，才能促进资源共享，使不同服务机构间的资源优势互补，降低资源采购和运营成本，提升协作服务机构内的相关技术水平和服务人员的综合素质，节约大量的人力物力，以此提高协作服务机构的整体效益；只有通过协作，其服务形式才能更加灵活多样，更加丰富多彩，才能提高各服务机构的服务水平。

（三）用户参与，资源共建

长久以来，图书馆业一直关心的一个问题就是，我们能向用户提供什么，这导致了图书馆所构建的丰富的软硬件资源以及所提供的各种类型的服务被用户冷漠对待。进入网络时代以后，随着Web2.0时代所强调的用户主导、用户参与、用户分享、用户创造理念的广泛传播，图书馆也应转变思想观念，树立用户参与思想，将用户参与和互动作为图书馆资源建设与服务的前提依据。也就是说，通过应用Web2.0和泛在智能的相关技术（如MySpace、Facebook、Wiki及目前备受关注的豆瓣网等技术构建图书馆用户的交流社群，使分散在不同应用系统间的个人知识产出不断沉淀，为图书馆积累丰富的资源）让用户付出时间和精力来真正参与图书馆的资源建设，从而让用户开始重视这份投入、开始在乎这份关系，并乐于分享其建设成果。在引导用户参与图书馆资源建设的同时，图书馆还应加强与相关单位的合作，如加强与出版社和数据库厂商以及电信部门和网络服务商的跨界合作，达到资源、设备的充分共享，从而满足用户在泛在知识环境下的信息需求。

第二节 公共图书馆服务的对象及其需求

用户是图书馆服务的对象，也是图书馆生存发展的决定因素，用户服务工作是图书馆全部工作的出发点与归宿，因此要做好图书馆工作，就必须分析用户的需求、类型及其变化的趋势，提供有针对性的服务，即一种建立在用户满意基础之上的以用户为中心的服务。

一、公共图书馆服务的对象

传统图书馆主要收藏以纸张为载体的信息，它的服务模式也必然围绕着纸张文献和图书馆馆舍展开。当时的图书馆服务主要是为各类读者提供图书借阅、信息咨询与参考等相对单一的服务，因此在传统的图书馆模式下，读者就是其服务对象。但现代图书馆已不再是一个仅仅满足人们阅读需要的场所。图书馆及图书馆服务的概念正在发生深刻的变化。现代图书馆由于互联网和数字图书馆技术的发展，正从传统的实体图书馆向实体图书馆与虚拟图书馆相结合的复合图书馆方向发展"图书馆除了向人们提供借阅机会以外，也十分重视满足人们的信息需求、文化需求和休闲需求。因此读者已不能涵盖图书馆服务对象的全部范畴，因此这里以用户称之。

（一）图书馆用户的类型

图书馆用户的类型多样，根据不同的分类标准可将其分为不同的类型。

（1）根据用户的职业特征分类

根据用户的职业特征，可将其分为工人、农民、市民、军人、教师、学生、干部、科研人员和离退休人员等类型。

（2）根据用户所从事工作的学科范围分类

根据用户所从事工作的学科范围，可将其分社会科学用户、自然科学用户以及一些综合性、边缘性学科的用户。

（3）根据用户运用图书馆资源的目的分类

根据用户运用图书馆资源的目的，可将其分为文献信息用户和非文献信息用户，文献信息用户可划分为研究型用户、学习型用户、释疑型用户和消遣型用户等。

（4）根据用户与图书馆的关系分类

根据用户与图书馆的关系，可将图书馆用户分为正式用户、临时用户和潜在用户。正式用户是在图书馆正式登记立户的注册用户，领有借阅证件，享有固定利用图书馆资源的权利。潜在用户是指具有阅读能力和文献信息需求，但没有与图书馆建立服务关系的人。临时用户指的是未同图书馆建立正式服务关系，凭身份证或其他有效证件偶尔利用图书馆资源和服务的服务对象。

（5）根据用户利用图书馆资源的方式分类

根据用户利用图书馆资源的方式，可将图书馆用户分为个人用户、集体用户和单位用户。个人用户是以自然人为单位，独立地利用图书馆的文献信息资源从事阅读或其他活动的服务对象。集体用户是指以固定的机构、团体为单位或由若干人自愿组合成一个小组来利用图书馆资源的用户。他们具有共同的服务需求和利用方式，或在同一单位，或从事同一职业、同一工作，在一定期限内，集体借阅一定范围、一定数量的文献或利用图书馆的其他资源。单位用户是指以固定的机构利用图书馆的用户。该机构所属的部门和个人，在一定的规则下，可以此机构的名义与图书馆建立借阅关系或资源共享关系。

（二）网络时代图书馆用户的特点

在网络时代，随着信息资源的开发和利用，图书馆在资源结构、服务形式以及服务内容等方面发生了很大变化，这些变化也在一定程度上带动了现代图书馆用户的变化，使现代图书馆用户呈现以下特点。

（1）用户范围广泛

传统图书馆的服务相对固定，一般局限于本地区、本系统或本单位的相对稳定的用户群。网络环境下，由于网络本身所具有的广域性特征，用户可以不到图书馆，只要遵守一定的协议，拥有一台电脑终端，便可在办公室或家庭的网络计算机上查询信息资源，完全打破了传统图书馆时代信息利用的时空限制。

（2）用户数量增长快

进入网络时代以后，随着人们信息意识的不断增强，对信息资源的重视日益加深。这就使得不少图书馆用户逐渐把获取的大量信息和知识当成取之不尽的资源和效益，信息和知识的需求成为用户个人学习、生活和工作中不可或缺的部分，图书馆作为人们信息资源获取的重要渠道，虽然在一定程度上受到网络的冲击，但网络也将越来越多的用户与图书馆相连，越来越多的用户开始通过网络享受图书馆提供的各类服务，从而大大增加了图书馆用户的数量。

（3）用户的信息需求多样

传统图书馆时代，用户利用图书馆的主要目的是查找文献、进行科研或学习。而在网络环境下，用户上网搜集信息的目的是多元的。有的图书馆用户是想收集专业信息资源进行科研和学习；有的是为加强可信度、信心、稳固性和身份地位，出于个人整合的需要；有的是获得信息、知识和理解的知识需要；有的则是出于了解信息资源，查询特定事实数据，甚至交际的需要。总之，由于用户个体知识结构差异及查找目的的不同，其利用网络信息的类型也各不相同，呈现出多样性和复杂性。

（4）用户水平不一

在传统图书馆时代，用户要想享受图书馆服务，首先要识字，才能通过图书馆中的各项文献资源获得相应信息。因此用户一般是文化水平较高的人。网络环境下的信息载体多元化，多媒体信息直观形象、生动有趣，所传递的信息也通俗易懂，文字阅读能力较低者也能轻松利用。由于信息意识和知识结构的不同，用户之间的信息素养和技能相差较大，导致用户层次参差不齐。

二、图书馆用户的需求分析

用户及其需要是图书馆产生和发展的原动力，没有用户，图书馆就失去了存在的价值和意义。随着网络环境的发展，科技信息开放获取的推进，就读者而言，读书或查询资料可以通过多种途径来进行，图书馆只是其中的一种可供选择的信息源之一。图书馆工作人员与用户之间的面对面式的直接服务方式将逐渐减少，用户自身利用网络乃至图书馆的设备进行自我服务的比重将增加，这给图书馆服务带来了巨大挑战。为了能够更好地生存并发展下去，图书馆必须对用户的需求进行分析，以便结合用户需求为其提供对应服务。

一般来说，不同类型的用户对图书馆的需求不同，如教师用户的信息需求相对来说目的比较明确，一般查阅教学参考资料和与研究课题相关的文献资料以及各种工具书，大多主题明确，范围比较确定，往往自己查找所需资料，强调信息的准确性和可靠性。管理人员要求提供方案咨询服务，即对所查到的信息进行二次加工或提供综述述评等浓缩的三次文献信息，他们对信息的需求呈现时效性、完整性和连续性的特点，强调信息的时效性。图书馆服务人员应根据用户的类型为其提供适应的服务。

此外，进入网络时代以后，随着知识经济的发展，文献资料的大量增加，科学技术的迅猛发展，大量知识信息渗透到社会生活的方方面面。各种信息之间的知识内容互相交叉，各个学科内容之间高度综合化和专门化，新的交叉学科、边缘学科大量涌现，使用户文献信息需求的内容呈现向微观化方向发展的趋势。用户不仅仅需要概括性、叙述性的文献信息，而且更加需要大量详尽的、专指性很强的文献信息，不断增加着专指性比较强的文献信息的需要。

再加上移动互联网的快速发展，图书馆用户对传统文献与声像文献、电子文献的需求并重，呈现出综合化趋势；信息需求向电子化、数字化、网络化信息资源的方向发展；信息需求呈现出全方位、社会化趋势，不仅需要科学技术研究所需要的信息，而且需要有关社会和生活方面的各种信息。在这种情况下，用户对信息的相关性、可靠性和准确性有了更高的要求。与此同时，用户希望能够快速、高效地获取信息，能够随时随地进行一站式检索，并获得相关主题的论文、照片、音频和视频等信息。用户信息需求的高效化主要表现在：首先，用户对满足工作、学习的信息需求较高，要求提供的信息具有准确性和可靠性；其次，用户要求获取的信息方便、快捷，能够减少用户的查询成本；再次，用户要求提供的信息直观、简洁，节省用户的阅读时间。移动信息组织与传递方式的变化，进一步激发了用户对信息高效化的需求。移动图书馆的出现满足了人们的这种需求，但由于受到手机等移动终端设备的限制，移动互联网用户在时间上、获取信息和体验等方面具有碎片化的特征，因此移动图书馆的用户需求也呈现一定碎片化特征。

移动图书馆用户的使用行为一般穿插在日常工作和生活中，通常在急需时或等候时会使用，并且每次使用的时间较短，在时间上呈碎片化。同时，移动图书馆用户关注和获取的信息也呈碎片化特征，并且移动阅读层次通常较浅，缺乏深入性，这就要求移动图书馆能为用户提供内容适当、简洁精准的信息服务。

第三节 现代公共图书馆服务的转型

进入网络时代以后，随着信息技术的高速发展和普遍应用，人类的交流方式发生了很大变化，这也给图书馆带来了挑战。为适应网络环境的需要，从传统走向现代化，图书馆必须进行服务转型。

一、图书馆服务转型的必然性

当今的中国正处于转型时期，从农业社会向工业社会转变，从封闭半封闭社会向开放社会转变，从单一性社会向多样化社会转变，从伦理型社会向法理型社会转变。此外，在世界信息化浪潮的影响下，我国又提前进入了信息化社会。图书馆作为文化事业的组成部分属于上层建筑，以经济为基础，其变化、发展直接受经济条件的影响、制约。

从内在因素上来说，进入网络时代以后，图书馆的文献、读者、馆员技术手段、建筑设备等要素均发生了变化，如文献载体形式由单一的印刷型向光电型、缩微型的方向发展，磁盘、光盘、海量存储器在图书馆的大量使用，电子计算机存储功能和传递功能在文献利用中的进一步发挥，这些变化也要求图书馆服务随之发生变化，以适应图书馆发展的需求。

从外在因素上来说，一方面，计算机出现以后，人类的信息载体和信息记录方式又有重大的变革，逐渐演变出电子型文献，随着电子技术的迅猛发展，一切文字、图像、声音都可以很方便地转换为计算机可以识别的二进制数字，从而以数字化的形态保存和传递。在这种情况下，若图书馆还是坚持传统的纸质图书文献搜集、整理与保存，必然无法适应资源信息化存储、传递的形势，也无法满足图书馆用户对信息资源快捷利用的心理需求，再加上网络时代信息呈爆发式膨胀，传统的纸质文献整理与传递必然赶不上知识更新的速度，在这种情况下，图书馆必须进行服务转型。

另一方面，网络时代是个创新的世纪，各个行业都在搞创新，如传统学校教育到网络远程教育的延伸，商场封闭式销售到开架式自由选购，再到网络采购等，创新所带来的变化随处可见。如今的社会是以信息文化和公共资源为主要生存轴心的。在数字图书馆时代，任何一个图书馆都可以进行超馆藏超地域的服务，任何一个读者也都可以通过计算机利用图书馆。图书馆馆藏的多少和馆舍的大小已不再是形成竞争的优势，只有出色的服务才是图书馆的区别所在。出色服务的提供要靠图书馆的不断创新，只有在不断创新中才能有特色，为此，图书馆也必须进行服务转型。

二、图书馆服务转型的基本走向

网络技术的发展给图书馆服务带来了全新的技术环境和人文社会环境，再加上网络技术的全面普及，图书馆服务转型成为必然。从当前的形势来看，图书馆的服务转型主要有以下走向。

（一）服务对象由服务到馆读者向服务社会转变

在传统图书馆时代，图书馆工作人员的服务对象主要是到馆读者，即前来图书馆进行图书借阅、信息咨询的读者。进入网络时代以后，图书馆网络化、资源的数字化的发展，大大消除了读者与图书馆之间的地理障碍，图书馆的服务范围不再受到时空的限制，通过网络它可以为整个社会服务，也就是说除了围绕"本馆"读者组织和进行读者服务工作以外，现代图书馆的服务对象不断拓展，不再仅仅局限于持有本馆借阅证的读者这样狭小的范围，而是大大突破了时间、空间的限制，延展到全国乃至全球。具体来看，网络时代的图书馆不仅可以服务到馆读者，也可以服务于高校，还可以向企事业单位开放，服务地方政治、经济、社会、科技、文化等事业的发展。

（二）服务方式由"传统手工操作方法"向"综合文献技术应用"转变

在实践中我们可以看到，传统的图书馆服务方式绝大多数属于事务性工作，如图书的借阅与归还、取书归架、采购相关图书等，其手段是以落后的手工操作方法维系对外的各项服务活动，服务水平、服务时效滞后，这种做法除了观念、时代需求等因素外，根本原因还在于传统纸质文献的易损、稀缺和共享性差等特点，导致人们怕文献被弄丢、被损坏、文献不够用等，因此将文献的收藏放在了中心地位。进入网络时代以后，随着计算机技术、数字化技术、数据库技术、云计算等的快速发展，图书馆的服务方式也有了很大的变化，图书馆服务的手段也将逐步摆脱传统图书馆以手工操作为主的事务性服务方式，向依靠综合文献信息技术应用转变。换句话来说，在网络时代，应用各类信息技术为用户提供适宜的服务是现代图书馆必然的选择。

（三）服务内容由信息服务向知识服务转变

传统图书馆的读者服务工作主要围绕印刷型文献资源和部分非书资料的开发利用来组织和展开。随着大量商业化学术资源数据库的出现、电子出版物的出版和传统馆藏的数字化转换，数字化信息资源成为现代图书馆文献信息资源的主体，知识也成为最重要的生产力要素，知识的生产和创新成为经济发展、社会进步的重要保障。当今社会已进入知识经济社会，图书馆传统的信息服务早已不能满足人们日益增长的对知识的需求。在这种情况下，为了满足用户的需求，图书馆的服务内容逐渐从帮助用户获取文献信息、激活文献信息内容、实现资源共享的信息服务向从各种显性和隐性的知识资源中，针对用户在获取知识、吸取知识、利用知识、创新知识的过程中的需求，对相关信息知识进行搜集、分析、提炼、整理等，为其提供所需知识的知识服务转型。

（四）服务理念由"书本位""向"人本位"转变

在传统图书馆时代，工作人员虽然是为读者服务，但其服务理念一般表现为以书本为主，即以图书的收藏和保存为中心，图书馆的服务一切围绕图书馆开展工作，强调书静态的信息。进入网络时代以后，科学技术日新月异，信息服务全球化已经成为必然趋势，图书馆作为信息服务业的一个重要组成部分，将会在社会文献信息服务中发挥不可替代的作用，并成为我国信息产业的重要一员。但要切实履行这一职责，图书馆提供的服务必须符合用户的需求，因此图书馆的服务理念也不能停留在过去的"收藏"和足不出户的"借阅与归还"了，而是要从思想深处更新服务理念，以图书馆用户的需求为中心，为其提供适宜的服务，这样才有利于图书馆未来的发展。

（五）服务范围由"图书馆服务"向"资源共享"服务转变

传统图书馆以文献收藏为己任，以印刷型文献为主体，这种基于自我馆藏的图书馆是作为一个书刊存储基地和物理实体机构存在的。图书馆的服务范围仅限于这个特定的场所内,其服务的直接功能是利用自给自足的档案性馆藏,为相对稳定的读者提供"阵地服务"和"定向服务",满足读者对已知文献的需求,我们把这种服务称为"图书馆服务"。

进入网络时代以后,远程通信技术、网络的应用和推广,使得图书馆与地区网、国内网、国际网联网,正在把图书馆与近程和远程的读者、各类信息服务中心、各种书目利用机构、联机信息检索系统连为一体,为图书馆与其他机构共享资源提供了条件。再加上网络时代知识更新速度不断加快,图书馆想要凭一己之力搜集所有的知识信息是不可能的,只有与其他图书馆、其他机构进行合作,进行资源共享,才能充分发挥图书馆的作用。在这种情况下,图书馆的服务范围必然向"资源共享"转变。这是在网络环境下发展起来的一种新的、重要的学习交流模式,图书馆不仅要方便快捷地为用户提供信息,而且要成为用户不可或缺的信息共享空间开放存取,任何人可以在任何时间和地点不受经济状况影响,平等免费地获取和使用相关信息,这也是符合网络时代信息交流特点的一种全新的、高效的交流模式。

第四节　公共图书馆服务共享

进入网络时代以后,随着网络信息技术的快速发展,以百度等为代表的互联网搜索引擎为人们提供了信息搜索的便捷方式,给图书馆的生存带来巨大挑战。针对这一情况,进行图书馆服务变革成为图书馆界的共识。其中,提倡图书馆服务共享就成为现代图书馆革新的一个重要思路。

一、服务共享的概念

服务共享,简单地说是指经营机构的一种共享机制。随着后工业化的服务经济快速发展,公司经营的利润获取也在发生变化。尤其是一些大公司为了节约成本,纷纷开始成立服务共享管理部门,主要用于处理重复性的日常事务,以最大幅度地提高效率。该种经营模式作为一个独立组织管理其资源;所提供的服务界定为服务共享产品;所承诺的服务符合服务水平协议书的要求;遵循统一的经营思想为整个组织的众多商业伙伴和客户提供服务。

从其概念的分析上我们可以看出,服务共享实际上是将分散在各个业务单元当中那些功能相同、流程相似的业务从原业务单元中剥离出来,并进行集中整合,组建共享服务中心,此共享服务中心以顾客(原业务单元)为导向,向顾客提供收费服务,并形成具有专业化的内部机构。它不仅有利于节约成本,而且是价值的再创造。

自21世纪以来，图书馆行业也逐渐将关注的重点从文献资源转向图书馆服务，一方面资源数字化引发读者到实体图书馆越来越少，另一方面更加关注读者的需求成为图书馆服务的共识。再加上海量信息的飞速产生，使得不少图书馆都开始思考如何准确地过滤和有效利用各种信息，提高各种信息资源的利用效率。在这种情况下，一些学者从企业经营的服务共享理念受到启发，倡导将这一方式引入图书馆行业，从而推动了图书馆服务共享的产生。

二、图书馆服务共享的基础

总体上来看，图书馆服务共享的提出是在21世纪信息技术快速发展，图书馆适应社会发展形势，重视用户服务的产物。细究起来，图书馆服务共享之所以可行，是因为它有以下基础。

（一）Web2.0的时代背景

2004年，身为互联网先驱和O'Reilly公司副总裁Dale Dougherty在一场头脑风暴论坛中提出了"Web2.0"这个概念，用来表示万维网发展过程中第二阶段的发展趋势。确切地说，Web2.0指的更多的则是基于万维网的第二代网络工具。这些工具可允许用户更多地合作、参与和交流。根据英国《观察家报》在2006年12月24日的报道，"我们已进入Web2.0时代，一个新的架构正在成形，它允许人们以革新的方式与彼此进行联系。由此便出现了博客和用户可上传和交流自己拍摄的录像的YouTube网站。像MySpace、Wikipedia、Skype、Hickr、Facebook、Second Life等参与性和辅助性网站的蜂拥而至都是这一趋势的体现。"此后，Web2.0这个概念被广泛传播，并迅速发展成一个深入人心的流行术语。这一时代有以下几个方面的特征。

Web2.0让互联网进入了一个崭新的时代，其核心是互联网的服务让用户从受众变成参众，用户成了真正的上帝。在Web2.0模式下，用户可以不受时间和地域的限制分享各种观点，既可以得到自己需要的信息，也可以发布自己的观点。

Web2.0更加注重交互性。不仅用户在发布内容过程中实现与网络服务器之间交互，而且也实现了同一网站不同用户之间的交互，以及不同网站之间信息的交互。

Web2.0时代，信息在网络上不断积累，通过RSS等聚合技术，统一呈现在用户的终端上，不再分别去各个网站。

开放的平台，活跃的用户几乎所有的Web2.0平台都具有开放性，不仅对于用户来说是开放的，用户因为兴趣而保持比较高的忠诚度，他们会积极地参与其中，而且对于其他互联网网站也是开放的，更加有利于构建各类数据、服务共享系统。

出现大量以兴趣为聚合点的社群。在Web2.0模式下，对某个或者对某些问题感兴趣的群体可以有效聚集，并对这些话题进行深入讨论，自然而然地细分了市场。

就我国的社会现状来看，根据中国互联网络信息中心（CNNIC）发布的第43次《中国互联网络发展状况统计报告》统计显示，截至2018年12月，我国网民规模达8.29亿，互联网普及率为59.6%，预计2019年我国网民规模将达8.72亿，互联网普及率将超过60%。

互联网在我国的快速发展也使得Web2.0文化成为我国的一种文化现象。Web2.0文化融合了Web2.0模式下的用户分享平台开放、信息聚合等特点，并迅速融入现代社会文化中，为图书馆服务共享提供了思想引导。

（二）以用户为中心的服务理念

作为以提供服务为中心而存在的组织，以服务为中心也就是以用户为中心。图书馆通过服务来实现用户与信息之间的双向交流。OCLC发布的《图书馆认知2010》中确认：现在已经没有人将图书馆门户作为查找信息的首选入口。面对这种困境，图书馆开始意识到信息资源建设和服务工作必须从过去"面向资源"到"面向技术"，并最终实现"面向用户"。一切以用户为中心，把用户对信息资源的需求和利用作为图书馆信息资源组织和建设的根本目的和主要评价标准。

可以说，如何去实践和运用以用户为中心的服务理念这个信念，决定了图书馆管理和图书馆服务的发展方向、路线和结果，也说明21世纪图书馆行业对于读者权利的重视。随之而来的，很多图书馆开始尝试为读者提供个性化的服务：定制收藏、个人门户、学科专题文献推送、手机图书馆定制等，都为随之而来的图书馆2.0的起源和发展奠定了基础。

（三）服务手段和服务内容的多样化

如同之前我们所分析的，现代网络技术和信息技术的全面渗透，为图书馆服务手段的更新和服务内容的延伸奠定了技术基础，在信息技术和通信技术的支持下，现代图书馆的服务手段和服务内容呈现明显的多样化特征：讲座与培训、专题文化展览、在线咨询和交流服务—甚至是BBS、娱乐服务功能、读者利用文献的数据挖掘和分析、文化素质教育、定制复印信息共享空间、高校科研成果转化的引路、学科研究者的网络虚拟社区等都可以在现代图书馆服务中找到。这些服务有些已经远远超出了传统图书馆服务的范畴，意味着图书馆行业在新时期的探索，这些探索也为图书馆服务共享奠定了坚实基础。

三、图书馆服务共享的内容

在实践中，图书馆的服务共享主要是借由 SOA 架构的图书馆服务共享体系，通过相关书库标准和互操作标准，实现成员机构所需业务的互联互通，保障用户在各个成员机构能够享受通行的服务。其服务内容主要包括以下几个方面。

（一）传统图书馆服务图

书馆服务共享并不是对图书馆服务的完全变革，传统的图书馆服务依然有其存在的价值，因此也属于服务共享的内容，它具体包括以下几个方面的内容。

（1）馆藏目录的共享

通过图书馆服务共享体系，用户可以获得服务共享的多个图书馆馆藏目录，图书馆编目人员也可以利用共享的书目信息快速完成工作，用户也可以通过目录在网上浏览、借阅相关书籍。

（2）文献传递

对文献传递可按文献的形式进行分类，纸型文献可通过复印、邮寄、电传等形式进行共享；数字资源则可通过 E-mail 和建立文献传递专用服务器等方式共享

（3）馆际互借

用户可以利用统一规划的"一卡通"在服务平台内填写并提交馆际互借需求，也可以根据自己的地域，选择适宜的服务模式。

（二）荐购图书

用户可以向其他用户推荐本馆已有图书，也可以在本馆的电子订单中向采编部推荐采购新书。这是图书馆馆藏资源建设的重要渠道，其方式有多种，往往开发专门的服务平台，将出版社和书商最新的书目信息进行推送，供读者按需推荐，馆员收到推荐信息后，查重后自动生成订单。

（三）知识共享

图书馆可以设计用户个人文档、共享文档等功能，以便用户向知识社区上传和共享自己的文档，通过共享服务阅读和下载其他用户的知识文档，也可以通过收藏文档功能将共享文档库中的有用资料建立起快捷访问方式，从而缩短获取知识的时间。

图书馆可以设计读书笔记功能，让用户将自己的读书笔记共享给其他用户，实现知识共享。

图书馆可以设计藏书架功能，让用户可以通过上传私人藏书目录并与其他人共享，从而达到图书交流的作用。

（四）参考咨询

图书馆可以在网络上设置在线回答、评论、论坛、电子邮件等多种方式，与用户进行沟通，并为其提供多种形式的参考咨询服务。通过图书馆设计的各类交际平台，用户可以在线填写相关的咨询、建议或意见，并能及时得到在线馆员的答复或解决方案。

不同的图书馆也可以各自推荐自己的咨询馆员，与其他图书馆的咨询馆员一起组成用户参考咨询联盟，一起为用户提供各项咨询服务，还可以建立FAQ专家知识库，使学科专家参与咨询和图书馆联合咨询成为可能。

第五章　公共图书馆读者服务的基本要求

第一节　公共图书馆读者服务的内涵

一、读者服务的内涵

图书馆作为社会文化教育机构，作为文献信息中心，它的性质决定了它要以服务社会、服务读者为根本任务。"服务"是图书馆存在的前提，是图书馆各项工作的出发点和归宿，是检验和评估图书馆工作的重要标准。

"读者服务"是指图书馆根据读者对文献的需求，充分利用图书馆资源直接向读者提供文献和信息的一系列活动，也称为"读者工作"或"图书馆服务"。它是一种特殊的服务，是利用图书馆资源所进行的文献服务；其目的是通过开发利用图书馆的各项资源，为读者提供快捷有效的信息服务。它是整个图书馆工作中最活跃、最富有生命力的因素。

读者服务工作，也称"用户服务工作"，是指图书馆文献的使用和服务工作，如文献的外借、阅览、文献宣传、阅读辅导、参考咨询、文献检索、网络信息导航以及用户发展、用户研究、用户培训工作等；此外，还包括各类信息工作，如科技查新、专利查新、定题信息服务等。读者服务工作可以分为四个部分：情报服务、参考咨询、文献借阅、信息增值服务。情报服务工作包括组织读者、组织服务（利用文献资料开展各种读者活动）、图书情报服务工作的管理。参考咨询工作包括文献调查工作、书目工作、参考工作、文献检索工作、文献提供工作等。文献借阅工作包括文献外借和文献阅览服务。信息增值服务主要有4种模式，即个性化全程服务、团队服务、集成化信息服务、专业化网上服务。

二、读者服务的原则

（一）《公共图书馆宣言》

《公共图书馆宣言》1949年由联合国教科文组织发布，现在通行的是1994年联合国教科文组织和国际图联联合发布的版本，分为"公共图书馆""公共图书馆的任务""资助""法规与网络"及"本宣言的实施"等几部分。《公共图书馆宣言》的主要思想是联合国教科文组织鼓励各国政府支持并积极参与公共图书馆的发展，基本服务原则就是对所有人平等服务与无偿服务。它陈述的是国际公共图书馆的原则声明，代表了整个行业的声音，因此成为公共图书馆界的纲领性文件和各国图书馆事业发展的行动指南。该宣言认为，公共图书馆是地区的信息中心，它能够向用户迅速提供各种知识和信息。

每一个人都有平等享受公共图书馆服务的权利，而不受年龄、种族、性别、宗教信仰、国籍、语言或社会地位的限制。对因故不能享用常规服务和资料的用户，例如少数民族用户、残疾用户、医院病人或监狱囚犯，必须向其提供特殊服务和资料。

《公共图书馆宣言》是公共图书馆发展过程中非常重要的一个文件，带有图书馆界根本大法的意味。《公共图书馆宣言》对政府、公共图书馆管理者和从业人员提出了明确的要求，是各国图书馆事业发展都必须遵循的准则。

（二）《国际图联公共图书馆服务指南》

2001年，国际图联发布由菲利普·吉尔主持的工作小组代表公共图书馆委员会起草的《公共图书馆服务：国际图联/联合国教科文组织发展指南》。该指南中文译名为《公共图书馆服务发展指南》，于2002年在我国出版。中译本包括译序、前言、导论、主体、附录和参考文献。主体部分共6章：①公共图书馆的作用与目标；②法律与经济制度；③适应用户的需求；④馆藏建设；⑤人力资源；⑥公共图书馆的管理与宣传。2010年，该指南改为《国际图联公共图书馆服务指南》，第一章改为"公共图书馆的使命与目标"，第六章拆分为"公共图书馆管理"和"公共图书馆营销"，其他部分也进行了一些修改。

该指南这样定义公共图书馆：由社区通过国家、地方政府或其他社区组织建立、支持和资助的图书馆；它向一个社区的所有成员，不管其种族、国籍、年龄、性别、宗教、语言、身体条件、经济及就业状况如何，平等开放；通过向社区成员提供各类资源和服务，使他们可以获取知识信息及创作类作品。

这个定义包含了3个基本内涵：①公共图书馆是一个社区设施，由社区建立、维持并为社区所拥有。这里的"社区"指一个地区或居住在那里的人民，既可以是一个小镇，也可以是一个城市，与我国城市街道所辖"社区"并非同一概念。之所以说公共图书馆是一个社区设施，且为社区所拥有，是因为它通常都由社区居民缴纳的地方税收支持，即社区居民是公共图书馆的实际出资人。②公共图书馆是在国家、地方政府或其他社区组织的安排、协调和管理下建设起来的，或者说是社区委托国家、地方政府或其他社区组织建设的。③公共图书馆需向所在社区的全体居民平等提供各类资源和服务，以保证公众能够获取其需要的人类知识、信息和文学艺术类作品。

（三）图书馆服务宣言

2008年10月，中国图书馆学会颁布了《图书馆服务宣言》。该宣言认为，图书馆是通向知识之门，它通过系统收集、保存与组织文献信息，实现传播知识、传承文明的社会功能。现代图书馆秉承对全社会开放的理念，承担实现和保障公民文化权利缩小社会信息鸿沟的使命。中国图书馆人经过不懈地追求和努力，逐步确立了对社会普遍开放、平等服务、以人为本的基本原则。我们的目标如下。

图书馆是一个开放的知识与信息中心图书馆以公益性服务为基本原则，以实现和保障公民基本阅读权利为天职，以读者需求为一切工作的出发点。

图书馆向读者提供平等服务各级各类图书馆共同构成图书馆体系，保障全体社会成员普遍均等地享有图书馆服务。

图书馆在服务与管理中体现人文关怀图书馆致力于消除弱势群体利用图书馆的困难，为全体读者提供人性化、便利化的服务。

图书馆提供优质、高效、专业的服务图书馆充分利用现代信息技术，提高数字资源提供能力和使用效率，以服务创新应对信息时代的挑战。

图书馆开展信息资源共建共享各地区、各类型图书馆加强协调与合作，促进全社会信息资源的有效利用。

图书馆努力促进全民阅读图书馆为公民终身学习提供保障，促进学习型社会的建设。

图书馆与一切关心图书馆事业的组织和个人真诚合作图书馆欢迎社会各界通过资助、捐赠、媒体宣传、志愿者活动等各种方式，参与图书馆建设。

三、读者服务的要素

（一）用户是图书馆服务的对象

图书馆的生存和发展在一定程度上取决于用户的数量和素质，不同类型的图书馆，用户的种类和需求不尽相同。如：公共图书馆的用户来自社会各行各业，他们所需的文献涉及面广，但以综合性、普及性的读物为主；大学图书馆的用户主要是师生和研究人员,这类用户的需求专业性强,尤其是研究人员对文献的需求层次高、研究性和情报性强。

(二) 文献资源是读者服务的基础

图书馆赖以生存的基础、图书馆服务的深度和广度取决于馆藏文献信息资源的开发和利用,而且其布局和建设是随着社会的发展而变化的。尽管现代图书馆提供的服务仍以文献资源为基础,但由于图书馆内外部功能不断变化,使图书馆文献资源的种类不再仅仅是纸质出版物,而且文献资源也不再局限于馆内。现代图书馆的文献资源由馆藏实体资源和网络虚拟资源两部分组成。

(三) 图书馆馆员是图书馆服务的提供者

现代图书馆馆员的作用不仅仅是保存文献资源,更重要的是能从浩如烟海的文献资源中为用户筛选他们所需的信息,因此现代图书馆的业务水平和职业道德对图书馆的服务质量起着举足轻重的作用。现代图书馆的服务由"用户自助服务"和"馆员辅助服务"两大类组成。

第二节 公共图书馆的基本服务

一、公共图书馆的外借阅览服务

文献资源借阅服务是指图书馆将馆藏各类文献资源通过各种文献流通方式提供给读者利用的服务方式,分为文献外借服务、文献阅览服务等。文献资源借阅服务是图书馆读者服务工作中的最基本、最主要的服务方式,其工作质量的好坏是评估图书馆工作效益高低的重要内容。

(一) 文献外借服务

文献外借服务是指读者与图书馆建立一定的契约关系后,图书馆将馆藏文献资源在一定期限内出借给读者,使读者可在馆外使用的一种服务方式。

(1) 文献外借服务的形式

根据外借服务对象、文献来源、外借方式等的差别,图书馆外借服务的形式主要有个人外借、集体外借、馆际互借、预约借书、邮寄外借、流动外借等。

1.个人外借读

者持借书证以个人身份办理借书手续的一种外借形式。个人外借能满足读者个人的不同需求,是文献外借的基本形式。

2.集体外借

读者以集体为单位,批量从图书馆外借图书的一种外借形式。集体读者按照图书馆的规定办理集体借证，由专人代表向图书馆集体办理文献批量外借，以满足集体读者共同的阅读需求。

3.馆际互借

图书馆之间根据协定相互利用对方馆藏以满足本馆读者需求的外借形式。其主要作用是各馆之间可互通有无，弥补本馆藏书的不足，多途径地满足读者需要。

4.预约借书

读者向图书馆预约登记某种暂时被借出的图书，待图书归还后有图书馆按预约顺序通知读者借书的外借形式。

5.邮寄外借

图书馆借助邮政传递手段为远离图书馆而又需要文献的单位和个人读者寄送外借书刊。《中华人民共和国残疾人保障法》中规定，盲人读物邮件免费寄送，由此可以通过邮局为视障读者邮寄图书，让他们能轻松、便捷地使用盲人图书资料，图书馆也可以有效地节省人力物力。

6.流动外借

图书馆通过馆外流动站、流动服务车等途径，定期将馆藏文献送到读者身边开展借阅活动的服务形式。

（2）文献外借服务的内容

1.办理借书证

公共图书馆发放借书证的对象是全体市民。凡持有个人身份证或其他有效证件（户口本驾驶证、护照，军人证等）的人，都可以办理个人借书证。

借书卡的材质有普通纸质卡PVC（聚氯乙烯）卡智能卡等。普通纸质卡造价便宜，但易磨损；PVC条码卡造价中等，可通过条码识别读者信息；智能卡识别方便功能扩展性强，但造价高。随着身份证、市民卡、社保卡的智能化和统一化，不少图书馆也开始尝试使用现成的居民身份识别证件作为借阅图书的凭证。例如，佛山市联合图书馆、杭州图书馆、青岛图书馆、济南图书馆等都可以使用二代身份证作为借书证，苏州地区各公共图书馆普遍使用当地市民卡作为借书证。

读者办理借书证可收取一定数量的押金，押金的金额可根据读者申请的借阅权限调整。近年来，图书馆界也在进行免押金借阅的讨论和尝试。

2.文献外借

外借文献要有一定的规定和制度：规定每次可借的册数；限制外借时间（一般为一个月）；明确续借制度，损书、超期的处罚制度；等等。传统的文献外借需手工进行，通过借书证、索书单、书袋卡、借书记录卡等进行管理。随着计算机在图书馆的使用，外借服务大多使用计算机进行管理，大大提高了工作效率。

3.文献续借

读者根据需要，在文献未过期的前提下延长借阅期限的方式。文献续借的方法有到馆续借、电话续借、网上续借、短信续借等。不同类型的文献可按需求制定不同的续借规则。通常规定在某些情况下不容许进行续借，如读者证已过期、读者有过期未还文献、读者欠费到一定额度、已经超过可续借的次数等。为了保障每个读者公平享用资源的权利，一般同一读者当前借阅的图书最多续借一次。

4.文献催还

文献催还服务分为3种：预期催还、超期催还和预约催还。预期催还就是读者所借阅的文献即将到期而进行的催还；超期催还是读者所借阅的文献已经超过规定期限没有归还而进行的催还；预约催还指读者对正在借出状态的文献提预约要求，提示持有者按期归还（即催还），并不再续借。文献催还的方式主要有电话通知、手机短信提醒，邮寄催还单、网上发布等。

（二）文献阅览服务

文献阅览服务是指图书馆利用一定的空间设施，供读者在图书馆内阅读、利用馆藏文献的一种服务方式。通过馆内阅览，可以使读者更全面、更有效地使用馆藏书刊。

文献阅览服务主要通过各类阅览室展开工作。阅览室的种类很多，为了正确地设置阅览室，科学地管理阅览室，可按以下标准划分阅览室的类型：按知识门类划分，可以设置社会科学阅览室、自然科学阅览室、地方文献阅览室等；按读者对象划分，可以设置少儿阅览室、视障阅览室等；按出版类型划分，可设置期刊阅览室、图书阅览室工具书阅览室、视听资料阅览室等；按文献文种划分，可设置中文阅览室、外文阅览室和少数民族阅览室等。文献阅览服务的内容包括：合理规划和合理布局各类文献资料；认真布置阅览环境和营造阅读氛围；积极推进阅读指导和阅读推广服务；努力加强参考咨询服务；等。

公共图书馆作为公共文化设施，应提供免费阅览服务，让所有市民自由出入图书馆，真正体现公共图书馆的公益性和开放性；同时应建立开架阅览和藏、阅、借结合的服务模式，为读者提供多元化阅读服务。

对于开放时间，《公共图书馆服务规范》中规定："公共图书馆应有固定的开放时间，双休日应对外开放。其中省级馆每周开放时间不少于64小时；地级馆每周开放时间不少于60小时；县级馆每周开放时间不少于56小时。各级独立建制的少年儿童图书馆每周开放时间不少于40小时。"

二、公共图书馆参考咨询服务

(一) 参考咨询的含义

图书馆咨询服务的实质是以文献为根据,通过个别解答的方式,有针对性地向读者提供具体的文献、文献知识或文献途径的一项服务工作。该定义明确指出,咨询的基础是文献,咨询服务以文献为主要依据,针对读者在获取信息资源过程中提出的各种疑难问题,利用各种参考工具、检索工具、互联网以及有关文献资源,为读者检索、揭示、提供文献及文献知识或文献线索,或在读者使用他们不熟悉的检索工具方面给予辅导和帮助,以解答读者问题。由于解答问题的主要依据是图书馆现有的文献或其他参考源等,且提供的答案又是参考性的,所以,对于这类服务多称为"参考咨询服务""参考服务""咨询服务"等。

(二) 图书馆咨询服务的类型

公共图书馆的咨询服务既包括被动接受读者询问,也包括主动宣传报道、信息推送;既包括馆内咨询,也包括馆外咨询;既包括通过个别辅导方式帮助读者查找信息,也包括开展各类读者教育活动普及推广信息;既包括开展简单的普通咨询服务,也包括专题文献研究和服务等较深入的咨询服务;既包括面向普通读者的咨询服务,也包括面向政府机构企业等特定人群的咨询服务;等。

(1) 普通咨询服务

由工作人员接受读者咨询提问,并提供解答,一般问题难度不大,可较快解决。按照读者提问的内容特征可分为向导性咨询和辅导性咨询。向导性咨询的问题都是一些常识性问题,如某某阅览室在哪里,图书馆开放时间等。工作人员需将问题进行归类、整理成参考咨询手册或"常见问题",以便快速回答或统一口径回答。辅导性咨询是指针对读者在查找资料过程中出现的各种问题而进行的咨询活动。针对读者提出的一般性知识咨询,通过查阅各种相关的工具书查找线索或答案,直接回答读者,或指引读者利用某一工具书、刊,直接阅读有关咨询问题的资料。对于读者在查找文献过程中因不熟悉检索方法而遇到的困难,图书馆工作人员可以充分发挥自己熟悉馆藏、熟悉检索工具的优势,给读者以检索方法的辅导和帮助。

(2) 为地方政府提供决策服务

党的十六大报告明确指出:"正确决策是各项各种成功的重要前提。,要完善深入了解民意、充分反映民意、广泛集中民智、切实珍惜民力的决策机制。推进决策科学化和民主化。"党政领导的决策牵涉面广,任何疏忽都可能对社会、老百姓造成不良后果,因此领导在做出一项决策之前,需充分了解各种信息。图书馆作为社会公益性机构，理应为广大党政领导提供决策参考服务，以提高领导决策的科学性。决策服务的内容包括立法决策服务、政治决策服务、经济决策服务等。图书馆提供决策服务的方式包括：以地方政府及政府决策执行部门作为服务的对象，为它们提供专项信息咨询服务；与政府有关部门合作编制具有影响力、有品牌效益的信息产品；根据地方政府关心的大事、突发事件编制专题信息剪报；参与地方政府支持的课题研究；为政府决策部门开通网络信息服务绿色通道；编制本地舆情信息刊物；为党代会；和"两会"提供咨询服务；等。

（三）图书馆咨询服务的形式

咨询的服务方式有传统咨询形式和网络咨询形式两大类。传统咨询形式常见的有到馆咨询和电话咨询。图书馆各阅览室都设有咨询岗，图书馆工作人员可以为读者提供文献查询、检索服务等全方位服务。图书馆总服务台可以提供电话咨询服务，各个阅览室也可以提供电话咨询服务，如询问开馆时间、办理续借书刊、借书证的办理等。网络技术的迅速发展和应用，使传统咨询的提问和解答方式都发生了重大变化，出现了信息推送和虚拟咨询等通过网络完成的咨询服务。国内外许多图书馆和信息机构相继加入提供数字参考咨询服务的行列，使参考咨询这一具有100多年传统的文献信息服务在服务模式、工作方法、参考资源乃至服务对象等方面都发生了根本性的变化。

三、公共图书馆阅读推广服务

阅读推广是指图书馆通过开展各种阅读活动，向广大市民传播知识，培养市民的阅读兴趣促进全民阅读。阅读指导的目的是满足读者的阅读需求，而阅读推广则是为了激发这种需求。阅读推广活动既是对阅读本身进行推广，也是对阅读指导服务的推广，同时也是图书馆一种很好的自我推广方式。

（一）阅读推广的契机

除了日常的阅读推广外，公共图书馆可把各种节日纪念日及某些特殊的时间段作为阅读推广的主要契机，进行年度大型阅读推广活动和专题推广活动。例如：（1）"4·2"国际儿童读书日。有针对性地举办儿童阅读推广活动，架起儿童与图书的桥梁，促进儿童阅读，引领儿童成长。（2）"4·23"世界读书日。可联络社区学校、出版社等开展丰富多彩的阅读日庆典活动，把读书的宣传活动变成一场热热闹闹的欢乐节日。（3）图书馆服务宣传周。可向公众宣传图书馆，开展各种便民利民活动，增强全社会的图书馆意识，提高图书馆利用率，以树立图书馆的良好形象。（4）寒假暑假。可通过这个学生相对轻松的时间段，根据不同年龄段学生的特点组织夏令营、征文比赛之类的读书活动。⑤其他节日。如儿童节、国际盲人节、重阳节等可开展针对少年儿童视障人士、老年人的阅读推广活动。

（二）阅读推广的形式

（1）图书展览

可针对不同人群和需求，开展专题或精品图书展览，直观地将图书展现在读者面前，吸引他们阅读和外借。例如针对小朋友的绘本书展，针对本地文化研究者的地方文献专题展等。

（2）推荐书目

可针对某一特定人群或特定的目的，围绕某一专门问题，对文献进行选择性的分类和筛选，并进行推荐。推荐书目不仅能引导读者阅读，同时更能激发读者爱书、读书的热情，是阅读选择过程中的重要辅助工具。

（3）演绎名著

可通过诗文朗诵、音乐会、影视欣赏的方式，演绎名著、名篇，激发读者对经典的兴趣，培养良好的阅读习惯，享受阅读的乐趣。对于少年儿童，则可通过故事会、cosplay（角色扮演）的形式，演绎经典童话、绘本书，让他们从小养成对阅读的兴趣，养成阅读的习惯。

（4）公益讲座

讲座是一种有效的知识传播手段，从一定意义上来讲也是一种推广阅读的活动形式。读者通过讲座获取书本知识，养成阅读和求知的习惯。公益讲座近几年在公共图书馆里兴起，通过专家、名人讲座，让读者更亲近阅读，体味读书的人生乐趣。

四、公共图书馆的服务创新

近年来，我国公共图书馆坚持人本理念，在图书馆服务方式、服务内容和服务手段等方面做了许多有益的尝试与探索，不少成功的经验颇具创新意识。咨询平台的创新——虚拟的知识社群就是其中之一。

虚拟的知识社群是透过网络社群互动平台及个人化的使用接口，让成员彼此能在讨论区、专栏区、留言板、文件区等交流文件与想法，并和志同道合的同伴对共同的兴趣或主题进行远程交流。新兴的知识社群平台包括社区论坛、读者QQ群、博客、微博等。图书馆借助知识社群平台可以实现实时咨询、成立主题群、文件传送、远程控制等服务功能。

BBS是英文bulletin board system的缩写，翻译成中文为"电子布告栏系统"或"电子公告牌系统"，是一种电子信息服务系统，它向用户提供了4块公共电子白板，每个用户都可以在上面发布信息或提出看法。早期的BBS由教育机构或研究机构管理，现在多数网站上都建立了自己的 BBS 系统，供网民通过网络来结交更多的朋友，表达更多的想法。BBS 具有高度流动性、实时流通性、自由开放性的特点。BBS 大致可以分为 5 类：校园 BBS 站、商业 BBS 站、专业 BBS 站情感 BBS 和个人 BBS。

图书馆利用 BBS 的功能包括以下几点：一是公告作用介绍图书馆的开放、关闭时间，发布各种通知，出版物介绍以及特殊馆藏推荐等；二是在线咨询包括问题解答、网络资源发布、馆际互借申请、检索服务内容、书目指导等在线咨询服务。

第三节　公共图书馆的服务标准

目前国内各地区已经出台的公共图书馆服务标准，如《上海市公共图书馆行业服务标准》《江西省公共图书馆服务标准》等，所涉及的内容大同小异；而 2011 年颁布的《公共图书馆服务规范》则主要对公共图书馆的服务资源、服务效能、服务宣传、服务监督与反馈等方面作出了明确、详细的规定。

一、公共图书馆服务资源

公共图书馆服务资源是指公共图书馆在开展服务过程中所拥有的物力财力、人力等各种物质要素，主要包含了硬件资源、人力资源、文献资源和经费资源 4 种资源。

（一）公共图书馆硬件资源

公共图书馆的硬件资源中已形成的具体标准和指标有馆舍建筑指标、建筑功能总体布局标准和电子信息设备数量指标三方面。在公共图书馆选址设置中应按照公共图书馆建设用地指标执行，总建筑面积和阅览室座位数应按照公共图书馆建设标准执行。公共图书馆计算机设备配置及用途指标如表 5-1 所示。对在馆内与局域网或互联网连接的计算机网络接口数量规定：阅览室的信息点设置应不少于阅览座位的 30%；电子阅览室的信息点设置应多于阅览室座位数；有条件的公共图书馆应提供无线网络服务。

表 5-1　公共图书馆计算机设备配置及用途指标

等级	计算机总数量	其中：读者使用计算机数量	其中：OPAC 计算机数量
省级馆	100 以上	60 以上	12 以上
地级馆	60 以上	40 以上	8 以上
县级馆	30 以上	20 以上	4 以上

（二）公共图书馆人力资源

公共图书馆工作人员应受过专业训练，具备良好的职业道德，在读者服务工作中应平等对待所有公众，尊重和维护读者隐私，热忱并努力为读者提供准确全面的信息服务。人员配置数量也有相应规定：应以所在区域服务人口数为依据，服务人口每10000~25000人应配备1名工作人员；具有相关学科背景的专业技术人员应占在编人员的75%以上少数民族自治地区公共图书馆要配备熟悉少数民族语言文字的专业技术人员。此外，公共图书馆还应坚持实施针对全体工作人员的教育培训计划。每年用于人员教育培训的经费预算应占职工工资总额的1.5%~2.5%，年人均受教育培训时间应不少于72学时。公共图书馆的志愿者队伍也是公共图书馆人力资源的重要部分，公共图书馆应导入志愿者服务机制，吸引更多图书馆工作人员和社会公众加入志愿者队伍。

（三）公共图书馆文献资源

对公共图书馆馆藏文献的采集原则、馆藏文献总量均做了详细规定。在公共图书馆文献资源中还规定少数民族集聚地区的各级公共图书馆应承担该地区少数民族文字文献资源的收藏和服务的职能，其他地区各级公共图书馆也应收藏与本地少数民族状况相适应的少数民族语言文献。关于呈缴本制度也有具体的标准，呈缴本的入藏应符合本馆的文献入藏原则和范围，征集的品种、数量应达到地方政府出版物的70%以上。公共图书馆还应承担当地政府出版物的征集、保存与服务职能，设置政府公开信息查阅点，并做好服务工作。

（四）公共图书馆经费资源

公共图书馆的经费资源主要指文献购置经费，由各级政府承担，确保专款专用。省级馆年人均文献购置费应达到0.52元以上；地级馆年人均文献购置费应达到0.3元以上；县级馆年人均文献购置费应达到0.18元以上。文献购置经费应与财政收入的增长同步增加。在文献购置经费中安排电子文献购置经费并根据馆藏结构和文献利用情况逐年提高或不断调整其与印刷型文献的比例。

二、公共图书馆服务效能服务

效能是指公共图书馆投入的各项资源在满足读者和用户需求中体现的能力和效率，主要规定了基本服务、拓展服务和服务效率等指标。

（一）公共图书馆的基本服务

在《中华人民共和国公共图书馆法征求意见稿》中对公共图书馆的基本服务作出了界定，包括文献信息资源的检索、阅览、外借，咨询服务，举办读书会、报告会、讲座、展览等读者活动三方面。公共图书馆的服务时间也有相应规定：省级馆每周开放时间不少于64小时；地级馆每周开放时间不少于60小时；县级馆每周开放时间不少于56小时。各级独立建制的少年儿童图书馆每周开放时间不少于40小时。为了更好地向公众提供公共图书馆服务，公共图书馆还应因地制宜地开展形式多样的总分馆服务，通过流动站、流动车等形式，将文献外借服务和其他图书馆服务向社区、村镇等延伸，定期开展流动服务。

（二）公共图书馆的拓展服务

公共图书馆拓展服务有两个方面：一是远程服务。公共图书馆应利用互联网、手机等信息技术手段和载体，开展不受时空限制的网上书目检索、参考咨询、文献提供等远程网络信息服务。二是个性化服务。公共图书馆可为个人、企事业机构及政府部门提供多样化的、灵活的、有针对性地服务。

（三）公共图书馆的服务效率

公共图书馆的服务效率通过文献加工处理时间、闭架文献获取时间、开架图书排架正确率、馆藏外借量人均借阅量、电子文献使用量、文献提供响应时间、参考咨询响应时间等指标体现出来。

文献加工处理时间以文献到馆至文献上架（或上线）服务的时间间隔计算：报纸到馆当天上架服务；期刊到馆2个工作日内上架服务；省级馆、地级馆及县级馆分别在图书到馆20，15，7个工作日内上架服务。闭架文献获取时间以读者递交调阅单到读者获取文献之间的间隔时间计算：闭架文献提供不超过30分钟；外围书库文献提供不超过2个工作日。开架图书应按照《中国图书馆分类法》分类号顺序排列整齐。省级馆、地级馆及县级馆的开架图书排架正确率分别不低于96%，95%，94%。文献提供响应时间以收到读者文献请求至回复读者之间的时间计算，响应时间不超过2个工作日，并应告知读者文献获取的具体时间。公共图书馆需提供多样化的文献咨询服务方式，包括现场、电话、信件、传真、电子邮件、网上实时、短信等。参考咨询响应时间以收到读者咨询提问至回复读者之间的时间计算：现场、电话、网上实时咨询需在服务时间内当即回复读者；其他方式的咨询服务的响应时间不超过2个工作日。

三、公共图书馆服务宣传

在公共图书馆服务宣传方面，对导引标识（方位区域标识、文献排架标识、无障碍标识）、服务告示（告示内容和方法、闭馆告示）、馆藏揭示和活动推广等方面加以具体规范。

(一) 导引标识

公共图书馆导引标识系统应使用标准化的文字和图形建立。公共信息标识应采用国家标准GB/T10001.1标识用公共信息图形符号第一部分：使用通用符号；在主体建筑外树立明显的导向标识；公共图书馆入口处应标明区域划分；在每一楼层设立醒目的布局功能标识。公共图书馆应在阅览区和书库设置文献排架标识，还应对无障碍设施设置专用标识。

(二) 服务告示

公共图书馆的服务告示需要告示读者公共图书馆服务的范围、内容和方法，读者须知，借阅（使用）规则，服务承诺等基本服务政策。因故暂时闭馆，需向上级文化行政主管部门报告并经其同意后，提前一周向读者公告。如遇公共安全、网络安全等突发事件需临时闭馆或关闭部分区域、暂停部分服务的，应及时向读者公告。

(三) 馆藏揭示

公共图书馆应借助计算机管理与书目检索系统，将纸质、电子和缩微等不同载体的馆藏文献目录向公众揭示，提供题名、著者、主题等基本检索途径，方便读者查询。还应通过网站。宣传资料、专题展览等形式，向公众推介、揭示最新入藏的文献和特色馆藏。

(四) 活动推广

公共图书馆应通过媒体、网站、宣传资料、宣传栏及各种现代化通信手段等形式，邀请、吸引读者的参与和互动，增强和提高公众对公共图书馆的认识。

四、公共图书馆服务监督与反馈

在公共图书馆服务监督与反馈方面，服务标准规定：公共图书馆应在馆舍显著位置设立读者意见箱（簿），公开监督电话，开设网上投诉通道，建立馆长接待日制度，组建社会监督员队伍，定期召开读者座谈会；认真对待并正确处理来自读者的意见或投诉，在5个工作日内回复并整改落实。

对读者满意度调查的指标与机制做出了具体规定：公共图书馆每年应进行一次读者满意度调查，可自行或委托相关机构向馆内读者随机发放读者满意度调查表。省、地、县级图书馆调查表发放数量分别不少于500，300，100份，回收率不低于80%。各级公共图书馆的读者满意度应在85%（含）以上。应对回收的读者满意度调查表进行分析，针对薄弱环节提出整改意见。调查数据应系统整理，建档保存。

第六章　新时期公共图书馆读者服务工作的开展

第一节　图书馆读者服务工作影响因素及对策

图书馆作为社会主要信息服务的中心，随着计算机技术、通信技术、网络技术、数字信息技术以及相关技术的发展，图书馆事业正向着电子化、数字化、虚拟化的方向迈进。作为以读者服务工作为核心的图书馆，在竞争激烈和挑战的环境下，改变和更新传统的服务方式、方法及手段，不断提高读者服务工作的质量和水平，已成为当前图书馆迫切需要解决的问题。

一、读者服务工作是社会发展的必然趋势

读者服务工作是图书馆的日常工作，是图书馆的基本职能，也是图书馆赖以生存的基础，图书馆的一切工作，归根结底就是为读者用户提供信息服务，除了利用先进的技术和馆藏资源的常用工具，通过完备的网络通信设施，为读者用户提供有用的信息资源外，更主要的是必须树立新的服务观念，主动地了解读者的需要，及时满足读者的需求，在激烈的信息竞争中，图书馆只有把全心全意为读者服务作为最高宗旨，把工作的立脚点从藏书转向读者，把"吸引读者，争取读者"作为重要策略，不断及时地研究读者需求，才能在信息市场中立于不败之地。所以说提高读者服务工作是图书馆生存与发展的客观要求，也是社会发展的需要，同时也是图书馆一切工作的出发点和归宿。

二、图书馆为读者服务所面临的具体问题

一个图书馆办得好不好，其办馆效益，社会价值如何，主要看读者对利用图书馆的希望程度，读者对服务项目和服务标准的信誉程度，读者对服务人员素质

的服务水平的认可程度。图书馆的服务对象、内容手段如何变化,服务形式是外借、阅读、参考咨询,其服务工作都是以满足读者需求为最终目的,以读者满意为宗旨,以讲求实效为准绳。随着文献信息的大量增加,读者对图书馆的服务工作提出了更高的要求,也就是能够在最短的时间内,高质量地为他们提供更直接更专指的文献信息。也是当前影响图书馆工作开展所面临的具体问题。

(一)图书馆管理制度不完善,馆员专业知识不足

新时期图书馆服务工作要求图书馆必须拥有一批经验丰富,有较强的组织信息,应用信息技术能力的专业人才,不仅要有丰富的收集和组织文献的实践经验,而且还能够开发各种层次信息产品,开展不同项目的服务。可现行的图书馆体制只有管理权,而没有人事任免权,这就成了某人家属,某人亲戚,某些部门领导的"收容站",造成了图书馆专业人才缺乏。比如:计算机专业、情报专业、信息专业等。再由于图书馆的规章制度不够完善,馆长和部室主任的任免制度不完善,工作人员的工作职责不完善,人才发展和继续教育不完善,实际工作效率的奖惩制度不完善,同时工作人员对自身的形势认识不够,没有树立新观念,满足于现状,从而使大量的信息资源在手中流过。加上馆员年龄、职称、性格、性别、学历等结构不合理配置,使得每个人的工作心理和个人需求又有所差异,因而对某一项工作不能达成共识,不能齐心协力、通力协作。而那些有精深的专业知识的馆员在实际工作中难以施展才华,仅仅局限在借借还还的手工操作上,没有时间和精力去做深层次的文献开发和情报服务,严重地挫伤了大多数人的积极性,使他们丧失了主动进步的精神。对于不属于自己的工作范围的问题常常抱着一种"多一事不如少一事"的态度,以"不知道、不清楚"或"去问办公室"等应付读者,大家互相推诿和扯皮,使服务质量低劣。

(二)经费不足,现代管理、设备落后,购书量减少

随着大量联机数据库的出现、电子刊物出版和传统的数字化转换,电子信息资源将成为信息时代图书馆文献信息资源的主体。由于现代化文献信息的数量急剧增长,内容重复交叉,类型复杂多样。仅用传统的手工检索方式已远远不能满足广、快、精、准地搜集、整理、加工、存贮和检索文献信息。用计算机检索、光盘检索和网络检索等先进的检索方式,尤其是因特网络信息,对读者至关重要。所以图书馆读者服务的内容也将逐渐从提高传统印刷型馆藏向提供多元化、电子化的信息领域及深层次的信息服务发展。由于经费不足,无法购置现代办公设备和网络建设,造成图书馆联机公共目录根本不能提供文献资源共享,读者也不能得到所需的信息。其次,近年来由于书刊价格的增长,图书馆的书刊订购品种与数量也减少,严重地限制了读者对文献资源的需求。

(三) 文献信息开发及服务工作薄弱，文献信息资源利用率较低

较少开展馆际互借服务，由于传统的图书馆工作以藏书为中心，图书馆馆藏的布局和规模制约着读者服务的范围和水平，而图书馆管理受传统思想观念的束缚，重"藏"轻"用"，现代意识淡薄，缺乏创新思想，开放观念滞后，没有把信息服务工作面向社会开放，寻找市场，更好地满足读者的需求，使图书馆获得新的活力，增强社会效益和经济效益。图书馆是一个文化和教育的阵地，也是一个信息的集成地，图书馆应向读者提供"多元化信息服务"。目前许多公共图书馆主要是开展以半开架式的书刊借阅为主，电子阅览室的计算机书目检索，电子出版物阅览及上网服务，较少开展馆际互借服务，各自为政，处于封闭服务状态。从而造成文献信息资源利用率较低，使大量有特色的文献闲置与文献资源缺乏并存的局面。由于专业人才缺乏，无法开展对文献的进一步开发。

(四) 宣传力度不够，难以被读者利用

图书馆是搜集、收藏、整理及流畅图书资料、担负着引导人、教育人、塑造人的重任。树立图书馆品牌形象，可以增强图书馆服务和主动性和自觉性，强化读者对图书馆功能的认识。但由于图书馆只停在借借还还的工作层次上，没有以独特鲜明的形象吸引公众注意，很少对社会宣传、包装和推荐自己，对用户教育的力度不够，信息咨询服务功能不齐全，与读者之间沟通反馈渠道不健全和通畅，在社会上没有影响力、号召力，影响了图书馆在公众的形象和信誉。

三、强化优质服务树立新形象的思路

针对上述存在的问题，目前图书馆的读者服务工作应采取几个方面的对策。

(一) 开展调查咨询活动

图书馆一方面竭诚为读者服务，一方面又能充分开发利用读者的智力资源，以读者的优势激活自身，这不仅能得到公众的咨询、建议及各种良好的社会效益，提高服务能力，也可以与社会各个机构、公众形成良性互动机制，树立图书馆的品牌。所以要通过深入读者群，深入基层，直接架设图书馆与广大读者沟通的桥梁，密切图书馆与读者的交流，把读者反映的各种矛盾、问题、通过收集整理调研、综合分析、归纳形成改革方案，反馈给各部门，以此作为纠正以后服务行为的基础，从而达到服务质量控制的目的，推动各个环节工作的深入开展。比如通过实地调查、问卷调查、馆内调查、网上调查等。只有通过形式多样的调查征询、采集信息、把握民意，广泛了解读者对图书馆的认识，收集读者对图书馆的反映信息，为图书馆提供决策，切实优化服务行为，为建立良好的形象提供根据，从而有效地协调图书馆与读者的供需关系，并且也能塑造和传播图书馆的形象。

（二）开展特色服务项目

图书馆已不再是旧式的"藏书馆"，而是一座极具有魅力的正在被开发利用的文献信息中心。特色服务就是服务创新，既要实现服务读者诸方面的优化组合，在服务项目或服务产品上创立名优品牌，以质量取信于读者。①围绕图书馆信息服务内容，举办各种独具特色的展览和演示会，是图书馆扩大影响并提升形象的良好时机。通过主动参与媒体的宣传力度和深度，让更多的人认识图书馆，了解图书馆，走进图书馆，向社会展示图书馆的魅力。②针对某一特定课题的需要开展定题服务，进行跟踪服务，主动、持续、系统地向相关课题的人员提供最新的相关信息。③充分利用馆藏文献信息资源和专业队伍的优势，面向特定用户定专题开展专题服务，大力开发蕴含在馆藏信息资源的有效信息，向读者提供浓缩的直接可利用的数据、事实、结论。④为提高读者的阅读意识、阅读能力和阅读效益，通过各种有效措施开展读者辅导服务。

（三）建立各种专门阅览室

随着计算机为中心的现代信息技术及相关技术的迅速发展，图书馆必须建立专门阅览室，如视听资料室、多媒体光盘阅览室、电子阅览室、网络检索室等。为读者更便捷地获得文献创造了良好的条件。读者在网络检索室利用网上的计算机就可以方便地查阅、下载、组织和重新编辑文献信息。在这些专门阅览室里，读者不仅可以查阅文字、数值、图形、图像等静态文档，而且可以获得多媒体信息的动态文档。

（四）加强专业人员的知识更新

图书馆员的素质高低直接影响信息开发的服务质量。所以要求馆员必须具备有丰富的学科知识，熟悉各种信息资源，善于把握新动态，能依据一定的科学原则，对知识进行创造性组合，来挖掘信息资源的各种价值。所以必须建立一支适应新一代数字图书馆的建设和需要的高素质的人才队伍。①要更新图书馆工作者的思想观念，改革以"藏"为主和封闭式服务，树立开放意识、竞争意识、创新意识，把被动服务变成主动服务，把滞后服务变成超前服务。②图书馆工作者要及时接受新观念，不断学习，接受新知识、新信息、提高专业知识水平，做到想读者之所想，急读者之所急，全心全意为读者提供高层次优质信息服务。③重视对计算机与图书馆学、信息管理以及其他学科专业人才的引进和培养，以保证高质量数字信息资源建设及高水平，深层次信息服务的持续开展。④强化图书馆在职人员的培训和技术教育，使他们爱岗敬业，具有奉献团结协作精神，选修相关专业课程，参加业务培训班培训。

（五）要加大对公共图书馆事业经费的投入

公共图书馆是公益性文化单位，为全社会成员服务是公共图书馆的主要任务。它所具有的公益性和公共特质，规定了它并非盈利单位，不以盈利为目的，因此，必须依靠国家的全额拨款，否则无法生存。各级政府要根据图书馆的规模、编制服务工作的需要，给予财政支持和有力保障措施，应随着书刊价格的上涨而相应增加经费，以确保投入比例的合理性，要把图书馆的购书费、业务费、公务费、设备购置费等项费用实行计划单列专款专用，不得挤占，使图书馆随着国民经济的增长而协调发展。总之，图书馆的一切工作都是为读者服务的。满足读者的需求是公共图书馆服务工作的中心，图书馆的服务工作必须得到广大读者的满意和高度认可。所以必须充分利用现有的文献资源、人才、设备等优势，树立与读者公众利益一致的原则，积极与读者公众沟通、协调、协作，转变传统的服务方式，从封闭不断走向开放，从静态不断走向动态，从单一不断走向多元，从被动不断走向主动。

第二节 图书馆拓展读者服务工作的新领域

一、图书馆拓展读者服务工作的新领域

公共图书馆已有一百多年的历史，在整个历史长河中，这只是短短的一瞬间，但今天她已发展为现代文明社会不可缺少的社会文化机构，她在现代社会中的作用和影响已经深入人心。为适应经济社会及知识经济时代的到来，公共图书馆的事业不断发展，功能不断扩大齐全，在现代高新科技的推动下，图书馆正进行着一场革命。在这场革命中，图书馆的每一个组成部分都在发生剧烈的变化，尤其是读者服务工作，坚固的"围墙意识"已逐步被摧毁。读者服务的领域不断向各个角落延伸。现代公共图书馆已是一个无边界、大图书馆的概念，网络化图书馆的概念。他们能够自由地运用各种有效的方法为读者服务。公共图书馆如何充分发挥自身的优势，利用馆藏文献资源，扩展读者服务的新领域，为经济建设服务，为精神文明建设服务。

（一）创建高品位的社区文化开垦现代都市的"文化绿洲"

丁·萨巴拉特南姆根据新加坡的经验，指出公共图书馆需要建立一个密切的包括其他组织和社区在内的伙伴关系以发展图书馆的服务规模，扩大图书馆的服务面。日本在社区图书馆建设上有许多值得我们借鉴的地方。70年代中期，日本政府在经济建设上取得巨大成功以后，立即着手发展社区文化建设。1997年11

月，颁布了"第三：次全国综合开发计划"，改变了过去产业优先的发展政策，进行了社会发展的基础调整工作。该计划以"定居圈方案"为中心，力求建设自然环境、生活环境和文化环境协调一致的居民小区。定居圈方案还对图书馆的建设提出了要求，提出在居民徒步20分钟之内必须有一个图书馆。

随着经济的发展，不断崛起的住宅小区越来越多，而这些小区却绝大部分地处郊外边缘地带，配套服务，尤其是住宅小区的文化设施建设缺口较大，居民呼声较高。虽谓之为"文明小区"，却缺少文化气氛。生活在现代都市的人们越来越意识到，没有文化配套设施服务的小区只能算是低层次的小区。为提高住宅小区的文化品位，满足小区居民学习的需要，开发商们都在寻求一条行之有效的路子。把知识与文明注入小区，成为公共图书馆扩大读者服务又一新的理念。如江苏省图书馆在市区的一些生活小区设立服务点，解决了读者到市中心远途借阅之苦。广州图书馆与邻近的番禺市丽江花园小区以及金业花园别墅小区的开发商携手合作，联合开办图书馆，并在业务建设及书源上无偿提供服务，使两小区联合图书馆读者量不断上升，1999年比1998年分别递增了4倍和6倍。

小区联合图书馆的建立使小区居民在享受了现代都市物质文明的同时，也享受了精神文明的熏陶。现代家居优美的生活环境及现代社区高雅的文化品位构成了小区建设一道亮丽的风景线，引起了新闻媒体的关注。1998年6月14日广州《新快报》及1998年10月22日《中国文化报》分别以《稀罕事：图书馆进驻住宅小区》《住宅小区的"文化绿洲"》为题做了专题报道。文章说："图书馆与花园小区联合办馆是件稀罕事，是公共图书馆开先河之举"。小区居民说：联合图书馆是白领阶层"充电"的地方。

（二）图书馆走入家庭，服务工作深入社区基层

家庭是社会的细胞，很多图书馆都非常重视为家庭提供服务，并将此列为扩展服务领域的重要内容。

（1）开展邮寄图书服务，实行远程信息传递

目前，为远离图书馆的家庭邮寄图书提供各种信息服务的图书馆越来越多。如美国亚拉巴马州伯明翰图书馆和杰弗逊图书馆除了对那些不方便来馆的老人、残疾人实行免费邮寄图书服务外，还为远离图书馆的科研工作者邮寄所需要的文献信息，甚至代为查阅、复印信息资料、数据、图表等。解决了他们科研工作中的问题，节省了时间。这种邮寄服务，读者不需办理任何证件，只要打个电话，就可以借书，借期4周，每次限借4册，而且逾期也不罚款。

（2）服务到家，把文献信息送到用户手中

公共图书馆上门送书的服务方式，除了采用汽车图书馆把书送到人们的家门

口提供借阅服务外，配备一定的人力，直接把书送到读者的手上。如上海图书馆读者服务中心的工作人员主动为不方便来馆借书的老年、残疾读者结对子，为他们提供预约借书服务。广东中山图书馆编辑二次文献《决策内参》《宏观经济》等信息资料，上门对口服务，为领导的决策及经济建设做出贡献。

（3）开展家庭读书活动，营造浓厚的家庭文化气氛

为推广和倡导家庭的读书活动，美国有的民间团体发起了"关闭电视，倡导读书"的呼声，呼吁家庭重视读书。为提倡家庭的读书活动，上海的公共图书馆从1990年起就组织家庭读书活动。由市文化局、市妇联及新闻单位发起成立了市家庭读书指导委员会，有计划地在全市开展家庭读书活动。并于1996年起在全市各街道乡镇评选读书之家，各区县评选优秀家庭读书户。上海图书馆与上海总工会定期在每周六在新馆大厅举行上海职工家庭周末读书会。江苏省江阴市图书馆还发起"一二三"家庭读书工程。要求全市70%左右的家庭达到要拥有一个书柜、300册藏书、订阅两种以上报刊。

在美国的多个州图书馆都开展有"农村家庭识字计划"，该计划不仅开展扫盲工作，而且指导人们如何适应社会文化环境、组织辅导、家庭教育、就业咨询等活动。此外，还有"家庭义务教育"计划，即学生可以在家上课，完成义务教育，公共图书馆和学校图书馆则对这种形式的教育提供帮助和辅导。在美国，有六千多个地区的公共图书馆系统都配置有阅读辅导员。

（4）家庭联网，读者足不出户，即可踏上"信息高速公路"

公共图书馆为市民提供各种网上服务，如建立社区服务网页，为家庭提供各种社区信息服务和图书馆服务。同时还为市民提供电子邮件等网络服务。家庭电脑通过图书馆的网络与因特网联网。如纽约市布鲁克林公共图书馆网络系统为当地250万市民提供因特网服务。

美国加州亚帕勒顿公共图书馆专门开了一个"家庭因特网"的网页，向家庭介绍各种馆内外有关信息资源，如儿童书籍、音像带及儿童节目等。由于网络上有许多内容不适合青少年的信息资源，该网络通过"家庭因特网"节目，提供有利于青少年成长的健康信息，深受家长的欢迎。

（三）公共图书馆是学校教育的延伸和继续

教育家蔡元培先生说过：教育不单在学校，学校之外还有许多机关，第一是图书馆。日本有的学者把学校教育和图书馆看作是对学生教育"同一辆车上的两个车轮"。两个车轮协调转动，才能使学生的成长得到全面发展。学校注重的是系统的知识教育，而图书馆为人们提供可选择的自我教育的场所，是学校的第二课堂。

（1）进行图书馆利用的教育辅导，让学生掌握开启宝库的"金钥匙"

很多国家都十分重视对读者进行图书馆利用的教育，而且从青少年就开始做起。如日本对学生进行图书馆利用的教育一直受到日本图书馆界的关注。早在1959年，日本文部省出版的《学校图书馆运营指南》一书指出：让学生广泛地了解有关图书与图书馆的内容与机能，并能熟练掌握其技术的组织和指导是非常必要的。并根据形势的发展变化对图书馆教育的课程不断进行修改。

目前我国的市民对图书馆的意识不强，对图书馆的认识不深，利用图书馆的能力较差。为了适应新时期的需要，很有必要对读者进行图书馆利用的辅导。而目前我国几乎没有一所中小学校对学生开设图书馆教育的课程，所以，青少年对图书馆的利用大部分是被动的。为了弥补这方面的不足，现在有的公共图书馆与学校合作，派馆员到学校或请学校组织学生来馆，除了参观图书馆外，举办如何利用图书馆的知识讲座。湖南、上海、武汉等少儿图书馆都经常对在校学生进行图书馆利用的辅导，并吸收学生参与图书馆读者服务工作的管理，让他们从理性到感性认识上加深对图书馆的了解。

（2）指导学生多读书、读好书、建造健康的校园文化

现代社会，由于科学技术的进步，多媒体文化以其特有的魅力吸引着无数的学生。青少年的阅读能力下降，阅读兴趣淡薄已是普遍性的现象。日本有的学者对一些学校做过调查，一个月一本课外书都不读的大学生占65%，高中生占70%，初中生占55%，至于"为什么不想读课外书"的原因，回答"看电视和玩电子游戏机比读书更有兴趣"占75%。

同样，在我国改革开放环境中成长起来的青少年，思维活跃，求知欲强，好奇心重，但认识能力低下，是非观念不强。随着中外文化、经济相互融合、渗透的情况下，指导青少年多读书、读好书，这是图书馆的重要任务。

多年来，图书馆在开展辅导读书活动中积累了丰富的经验，取得了优异的成绩。深圳图书馆举办报告文学《火中飞起的凤凰》《青春驿站》读书交流会，《理想在特区闪光》读书演讲比赛；广州图书馆与广州电视大学、广东工业大学团委合作，组织读书小组，举办"读书与人生"报告会。省中山图书馆举办读书征文，其中该馆编的《我与图书馆》一书成为广东省委宣传部等7个单位主办的"百书育英才"读书活动入选图书。

通过这些活动，掀起了校园的读书热潮，使读者树立正确的人生观、价值取向、道德情操、法纪观念、审美观念和生活方式，营造了健康的校园文化。

（3）扩大服务工作的科技含量，提高和丰富学生的知识结构

当前高新科技的世纪，是电子技术的世纪。为了适应时代的要求，各个国家都十分重视人才的培养。当前在校的学生正是21世纪经济建设的生力军。培养人

才，学校固然肩负重担，但图书馆作为重要的社会教育机构，是学校教育的延伸和继续。利用现有的电子技术和力量，配合学校教育提高和丰富学生的知识结构是责无旁贷的。香港市政局图书馆及属下的各分馆每年利用寒暑假举办 Internet 培训班、联机检索讲座；深圳图书馆举办的计算机基础知识培训班都吸引了无数的学生参加。广州图书馆举办"电脑时空2000"系列活动以免费电脑知识讲座和联谊活动等形式讲授因特网、计算机软硬件知识，还与市电大、市教委等单位合作，制作"英语教学音带""初三政治统考复习"音带及软件，为全市大、中学生提供服务收到良好的社会效益和经济效益。

（四）充分利用文献信息资源为乡镇企业经济建设服务

（1）科技兴农，为村民开设多条致富之路

生活在城郊乡镇的读者由于受到时间和空间的限制，无法经常到路途远的图书馆获得信息，为了开拓多种致富之路，他们希望依靠科学技术提高经营效果。但目前大部分乡镇的文化设施落后，知识信息的获取需花费九牛二虎之力。信息不灵之苦使远离市区的村民渴望着那里能有块"文化绿洲"。

把读者服务领域延伸到乡镇，将文献信息送到田间果园，这是新时期图书馆读者服务工作中又一新举措。江苏省图书馆、广东的东莞、南海等图书馆把书送到乡村田头，指导村民进行科学经营管理，深受欢迎。广州图书馆与多个乡镇政府联合建立图书馆，无偿提供图书近8万册，把乡镇原来一些供奉祖先牌位的祠堂变为拥有一定藏书规模，专人管理的知识殿堂。很多馆藏的农业类文献资源得到了充分利用，收到了很好的社会效益和经济效益，萝岗镇一青年农民孔某，就是从《荔枝栽培管理》一书中学会了用环割技术抑制荔枝疯长，促使其发芽分化，使长期不开花不结果的荔枝获得了丰收。

（2）科技兴企创效益，知识信息是最大的生产力

图书馆收藏各种载体的文献是社会信息资源的宝库，把宝库中浩渺的信息和知识开发出来，为企业生产决策活动提供服务，是知识经济时代向图书馆提出的要求。

近年来图书馆对馆藏文献不断进行开发、加工，建立各种数据库，为企业服务作出了卓越的成绩。如广东省中山图书馆剪报中心开发的服务项目已达50个以上，先后为众多单位提供信息资料，对这些企业的生产、经营、管理、行销等方面有重要的参考作用。佛山市图书馆开发的"多媒体房地产咨询信息库"，该项目收录了中央、省市有关房地产政策、法规、文献信息和珠江三角洲部分城市的房地产数据，极大地丰富了网络资源，有助于房地产市场的繁荣，促进当地经济发展。

公共图书馆为跟上信息时代的步伐，在读者服务的意识上遵循了"读者至上，服务第一"的宗旨，并在读者服务的深度、广度上不断开放改革、创新，拓展服务新领域，为经济建设和精神文明建设作出了很大的贡献。

第三节 基于微博的图书馆读者服务策略

微时代的开端是以微博作为传播媒介代表，以短小精悍作为信息特征，具有信息发布信息传播、信息调研、信息争鸣、信息评价等功能。微博作为一种媒介，其诞生的标志是2006年美国网站twitter推出的微博客服务。微博在中国真正兴起始于2009年8月新浪微博的推出，其影响力是爆炸式的。在微博中，一种全新的理论可能瞬间被传播开来，这种爆炸式传播已经成为当代发布者和受众群之间主要的信息传播模式。随着移动互联网和大数据时代的纵深发展，继微博之后，微信、微电影、微小说、微音乐等一系列微观发展文化现象随之也蓬勃发展起来，人们喜闻乐见不断开发利用，进而形成一种微时代潮流。这种流行趋势将碎片化、微量化信息采集、传播，并将伴随而来的相关服务模式推向了一个崭新的时代。

微时代信息传播的最大特点是辐射面广、速度快、互动性强，且具有集文字、图像、视频、音频等多种信息传播方式为一体，形象、生动、获取便利等特征。微时代背景下，用户对信息的需求在时间上具有不固定性、零散性，在内容上也呈现出碎片化、多样化的特点。移动互联、云计算、大数据、智能终端4G及多元传播介质的出现和其在技术，上的不断突破、技术之间的相互叠加影响与嵌套，成为微时代显著特征。

在微时代背景下公共图书馆读者服务工作也受到很大的冲击，其传统模式的服务理念逐步随着微博、微信、QQ等移动终端平台及衍生工具的广泛应用而发生颠覆性的变化，公共图书馆利用微时代媒介传播平台开展创新服务正成为新的趋势。正如郭庆光在《传播学教程》中所说："真正有意义有价值的信息不是各个时代的传播内容，而是这个时代所使用的传播工具的性质所开创的可能性以及带来的社会变革"。

一、微时代背景下公共图书馆读者服务工作面临的困境

（一）读者到馆率和馆藏利用率低

近年来，随着社会新科技的发展，公共图书馆面临着转型发展的瓶颈。传统意义上的运营模式已经不能满足读者对信息获取的需求，数字资源、电子文献的涌现，更是打破了传统服务的思维方式，促使读者服务工作必须向多元多样的新

方向转型。如何利用多种新平台共同运营以求达到拓展服务新功能的效果,已成为当代公共图书馆开展读者服务工作普遍关心的问题。受空间、人力、财力等限制,公共图书馆读者到馆率和馆藏利用率不高,一直是图书馆面临的困境,虽然近年来全国大力开展全面阅读推广工作,但是走进图书馆、有效利用图书资源,依然不尽如人意。公共图书馆如何通过深度的社会参与,拓展宣传面,强化宣传效果,从而提高读者到馆率和馆藏利用率,已成为公共图书馆读者服务的重中之重。以中文学术期刊为例CNKI维普和万方3个数据库基本可以囊括所有中文学术期刊。数据库可通过作者篇名、关键词、出版时间、刊名、卷期等字段准确无误地找到读者所需要的各种电子期刊。由此可见,读者完全可以不用来到图书馆,便足不出户获得自己想要的资源,还省了到馆查阅纸质期刊、复印所需期刊内容的繁琐。再加上微博、微信等不断地普及,越来越受到大众喜欢,很多浅阅读、碎片式阅读完全可以通过这些微时代阅读工具轻松实现,这些都是致使读者到馆率低,馆藏利用率逐年下降的原因。

(二)公共交流平台薄弱,读者服务效果差

公共图书馆作为社会第三空间公共交流平台,其具有引导全民开展交流、交往、发展非功利性社会关系,从而提升文化素养以及思想境界,使其找到文化认同及归属感的功能。公共图书馆在传统管理模式下,其交流平台受到一定的局限,已然不能满足当代民众的要求。虽然公共图书馆每年依然按期开展读者座谈会、读者征文演讲、知识竞赛、阅读讲座、经典导读、新书推荐等活动,但是与读者的交流互动仍然存在分裂感主办方积极热情搞活动,受众方却因时间、空间、年龄、知识层次等诸多因素受限只能表层敷衍,不但读者参与人数有限,而且有的甚至流于形式,走过场,仅仅停留在配合搞活动上,因此交流效果往往并不能达到预期,与读者不能建立真正的互动关系,读者服务工作自然就不能满足读者的需求。随着微时代的到来,丰富的资源获取渠道让读者对图书馆服务要求越来越多元,内容、层次、资源内容形式也有了更高更广的要求,这就使得传统服务模式与微时代交流服务模式并重已成为公共图书馆必须形成的服务新格局。

二、微时代公共图书馆读者服务改进策略

(一)利用微信公众平台拓展服务方式和服务空间

随着移动信息技术的发展,建立微信公众服务平台是公共图书馆拓展服务手段的有效途径。微信公众服务平台是图书馆在新媒体应用上一个新的服务模式。相比传统媒体,新媒体的显著特点是移动互联网技术的应用,通过手机、平板电脑等移动终端可随时随地浏览资讯、传递信息,碎片化的时间得以充分利用,平

台为广大读者更广泛便捷地利用图书馆资源提供了条件，同时拓展了服务手段和服务空间，最终形成了读者随时随地查找文献、办理相关业务、数字化资源移动阅读、交流与分享等图书馆新常态。

公共图书馆应当充分利用微信公众服务平台自身的特点，构建服务微门户以适应广大读者的新需求。如可以充分将图书馆的自动化系统、读者验证系统、OPAC、跨库检索、自助借阅、门户网站、参考咨询等系统集成，利用馆内各项数据，数字化资源库、读者服务平台为读者提供查找、办理、阅读等快捷服务。同时，还可以利用微信公众平台绑定读者借阅卡，实现网上一键续借。

众所周知，公共图书馆具有地方性特点，尤其地方文献具有地域性，公共图书馆可以充分利用微信公众平台，整合利用这些专题性数字资源库实现数字化资源的移动式阅读分享如设立地方志历史典籍、民俗风情荟萃等模块，利用微信公众平台向读者及时推送具有地域特征的独特的微数据。当代公共图书馆服务的新模式，应该从单独的阅读服务功能走向阅读功能与读者互动功能并举的状态，开发实现以读者为核心的零距离交流互动平台，将是公共图书馆生存发展的必然要求，利用微信公众平台，建立读者与读者、读者与图书馆、读者与馆员的交流互动，通过微话题、公众号推送，促使读者发表各种阅读体验，让读者成为新的信息载体和信息创造者，传播将是图书馆读者服务拓展不可或缺的方式。

（1）加快完成图书馆微信官方认证，加强对微信公众号的重视

微信认证是腾讯集团为确保微信公众平台发布信息的真实性、安全性，为具备官方资质的微信公众服务号进行的认证服务。微信认证后，将获得更丰富的高级接口和衍生工具，以便公众号经营者为其粉丝受众提供更有价值的个性化服务。公众号是开发者、商家或公共组织机构在微信公众平台上申请的应用账号，通过公众号，商家或公共组织机构可以在微信平台上实现与特定群体的文字、图片、语音、视频的全方位沟通互动，公众号包括服务号和订阅号。

图书馆以服务为核心理念，将微信公众号提供的服务纳入图书馆服务体系，可使读者对图书馆建立忠诚度，从而提高读者到馆率，并提升图书馆电子文献的利用率。加快完成微信认证，也就是加快与用户建立黏性关系的速度，增强用户的信任度和体验感。图书馆作为阅读的前沿阵地通常也应该是最早接触新媒体和使用新技术的地方，但是目前，公共图书馆在公众平台上缺少优质账户，只有重视微信公众平台的运营管理，建立优质公众账号，才可以快速累积读者粉丝，提高账号影响力。如自媒体账号大象公会2013年12月4日，上线，短短100天粉丝就升到13万。因此，公共图书馆若想更好地拓宽服务，吸引更多的读者，应重视微信公众号的推广，增强用户互动，并通过微信认证，完善图书馆服务相关衍生工具开发，线上线下传播互动，技术引流等手段，为微信公众号服务的建设营造

良好的条件。

（2）强化微信订阅号的内容管理，提升内容质量

一个具有优质内容的订阅号，可以吸引大批读者阅读，并积极转发其内容，因此微信订阅号推送的内容水平，直接影响着微信公众平台的运营质量。图书馆微信公众平台订阅号要强化内容的管理，提升内容质量。

第一，微信推送内容要具有特色。应根据图书馆自身特点，策划一些有特色的主题板块，吸引广大读者，激发用户的阅读兴趣和持续关注的热情。如自媒体订阅号黎贝卡的异想世界，拥有大量粉丝，其主要推出的是前沿时尚服饰搭配，具有独特风格，因此吸引了大批女性。再如北大图书馆的佳片有约，南开大学图书馆的小语都极具特色，获得众多粉丝的青睐。因此，公共图书馆应结合自身所处的受众环境及具备的条件，发布具有自身特点优势的微信推送内容，力求获得最大数量的读者粉丝的认同。

第二，微信推送的内容要结合图书馆特点，多做专业化内容。图书馆微信应本着其工作特点做原创内容，而不能总是定位在发布讲座通知、好书推荐通知、活动预告等，应充分结合图书馆文化资源，将经典的资源推送给广大读者，应以书评、书摘、作者简介等形式通过微信公众平台进行阅读推广。如订阅号看书有道就非常不错。其每天推送一篇原创作品，同时设有零碎时光、看书日签、手不释书等板块，分别推送经典语录和经典书目，其通过内容简介、精彩书摘、作者简介、简短书评等形式，使读者快速掌握相关信息，激发读者阅读兴趣，从而促进读者走进图书馆借阅该文献，达到了良好的阅读推送效果。

（二）基于微博平台，设置微话题延伸图书馆阅读推广工作

微博是一个资讯平台，微博的媒体特性决定了其更依赖于内容以及具有内容聚合效应的平台特征。因此，公共图书馆有效利用微博这一特征进行阅读推广工作是重要的手段和方法。通过微博发布微话题等系列内容可以引起读者对阅读推广活动的关注，实现公共图书馆阅读推广的目的微话题是以微博为平台的用户互动专区，根据微博热点、个人兴趣、网友讨论等多种渠道的内容，由话题主持人补充修饰加以编辑，是与某个话题词有关的专题页面微博用户可以进入页面发表言论，同时话题页面也会自动收录含有该话题的相关微博。这样，通过微话题形式读者互动加大，便可以放大阅读推广效果。同时微话题还有可能潜移默化地引导读者的阅读倾向、阅读爱好、阅读审美观，从而传达出图书馆阅读推广的理念，其作用不可忽视。

（1）注重精品内容分享模式

微话题的设置要具有图书馆自身的个性特点，与其他微博要有一定的差异性，

也就是要具有独特的魅力，吸引广大读者成为其粉丝，这样才可以使读者与图书馆之间建立更高的黏性特质。在阅读推广活动中，应明确阅读推广主题，所有设置的微话题要紧密围绕主题展开。在文字描述中，应根据读者不同群体的需求，通过图书馆大数据整合，如访问阅览室数据、书刊外借数据、数据库检索和下载数据、访客属性等读者资料整合，深度分析了解读者阅读偏好，明确阅读推广对象，采取平易近人或者幽默诙谐、活泼有趣的语言方式有针对性地进行不同推介，以满足不同读者群的阅读需求。如针对现代年轻人，紧跟时代潮流，可将微话题设置成网络流行红词，像"Duang""世界那么大，我想去看看""人丑就要多读书""我们主要看气质""且行且珍惜"等，唤醒读者的注意力和内心潜藏的阅读情感。

同时，在微话题的设置上还要结合读者的兴趣点、读者的阅读需求、近期阅读的热点，抑或是根据图书馆开展的各项活动，包括近期节日推出专题进行设置。如世界读书日、莫言获得诺贝尔奖等热点，提出优秀的热点微话题进行阅读推广，展开与读者持续互动，从而产生与读者的共鸣效应。当然，也可以征集读者推荐的微话题，凡具有原创性，精彩的微话题均可被图书馆采用，通过读者参与产生浓厚的阅读氛围，进一步提升阅读推广工作的效果。

（2）注重同边网络效应和跨边网络效应

图书馆利用微话题开展阅读推广工作，无非是突出人气效果，通过与用户互动、经验分享、扩大社会群体影响力，达到阅读推广的良好效果。聚集人气聚合读者粉丝，图书馆应利用同边网络效应和跨边网络效应来快速实现。所谓同边效应是指：当某一边群体的用户规模增长时，将会影响同一边群体内的其他使用者所得到的效用；跨边网络效应是指：一边用户规模的增长将影响另一边群体使用该平台所得到的效用。图书馆如果能够积极开发建立同边网络效应和跨边网络效应，就会很大程度上增加读者满意度，进而达到良好的阅读推广效果。

图书馆主要的阅读群体即持证阅览者，持证读者的逐年增加提升了读者到馆率，就这个群体来讲，持证读者越多，可以获得的交流互动就越多，文献推送就越多，交流效用也就是同边效应就越大。到馆读者或者持证读者越多，人气积聚就越来越旺盛，其他多边群体开展各项活动效用就更好。因此，图书馆可有效利用网络效应，通过吸引其他群体对图书馆的利用来增加读者量，逐步形成良性循环，不断捕捉社会各团体需求，激发同边效应，对整个图书馆的发展而言是非常可取的方式。如图书馆可线上线下同时搞阅读推广活动，线下利用流动书车下军营送书实地搞活动，线上则采用军旅微话题形式，开展各项读者互动活动，由此达到吸引新的群体走进图书馆利用图书馆，从而撬动整个网络效应。

图书馆的发展趋势日渐明晰，传统模式基本上是以书为本，而微时代下新的运营模式逐渐形成了以人为本，虽然传统模式依然是主体模式和基础模式，但是新模式作用是绝对不可忽略的，其在促进传统模式的运营效果上起到了非常重要的推动效果。激发同边网络效应和跨边网络效应是崭新的读者服务模式，在遵循传统模式的框架下，结合新模式开展大量推广活动，逐步吸引各类人群与图书馆建立黏性关系，利用微时代媒介拓展读者服务工作，已成为图书馆充分利用新媒体，实现线上线下融合共进的必然选择。

第四节　图书馆读者服务中读者意见的处理机制

服务是图书馆存在的理由，为读者提供优质的服务是图书馆工作的核心目标。如何进一步提升读者服务工作，许多图书馆有较多的理念探讨及实践操作经验。但在实际工作中，读者意见处理作为重要的有助于读者服务工作提升的管理手段，并未被一些图书馆所重视，或虽意识到却没有很好地对待。图书馆"读者第一"的宗旨要求工作人员尽心尽力地为读者提供优质、便捷的服务。但因种种原因，读者对图书馆的服务提出了各种意见。读者意见是读者利用图书馆后对图书馆的原始认识，是读者所思所想的直接反映。图书馆对各种读者意见的处理与读者对图书馆的看法是直接关联的。读者意见处理得当，可有效提升图书馆的服务质量，使图书馆从被动走向主动，赢得读者，扩大影响力。

一、读者意见成因分析

图书馆对读者意见处理一般实行月报制，在办公室设立专人专岗处理读者意见，编制读者意见月报、年报，对全年的读者意见做统计分析，为领导决策提供参考，积极促进读者服务工作，增加读者对图书馆的信任度。根据读者意见月报、年报的统计分析，有研究发现，读者意见的产生，主要是由工作人员的服务态度、服务质量、管理制度、图书馆服务环境所引起的。

读者提出的意见中，由工作人员的服务态度而产生的问题占了大部分。服务态度不好，主要是态度冷淡，语气生硬，面无表情，怠慢读者的询问，缺乏主动服务精神，让读者产生"门难进、事难办"的感觉。另一种是服务语言不够规范，举止言谈粗俗失礼，工作时间扎堆聊天、打电话影响读者。还有，与读者发生争执时得理不饶人，不给读者台阶，使读者尴尬难堪。有些读者提出意见起因并不是服务态度，但由于处理不当，造成言语冲突，发生争执，读者最终提意见时也说是工作人员的态度不好。如果工作人员服务态度好，正如一本书的书名《态度决定一切》，即使处理并不很得当，大多数读者也不会穷于追究工作人员的责任，矛盾自然就化解了。

服务质量的原因。主要有：①因书目数据差错而导致有号无书或有书无号而影响读者借阅，书库调整、图书遗失、污损等未及时修改数据导致索书号与馆藏的不符；②因图书馆系统原因造成读者无法查阅，预约、续借不成功，数据库无法检索等；③新书（包括报刊）、过期报刊装订周期过长导致书刊上架速度慢，读者无法查阅；④书刊破损严重，影响读者借阅；⑤开架借阅室的书刊摆放凌乱，错架、乱架严重；⑥因开架借阅室空间有限，将较多近年的图书放入闭架借阅室，使得读者不能自由阅读；⑦阅览室工作人员不能满足读者深层次的参考咨询；⑧工作人员不及时制止读者在借阅区打电话、聊天而影响其他读者等。诸如此类的原因导致图书馆读者服务的质量受到限制。

管理制度的原因。近年来，由于读者权利意识的增强，对图书馆的管理制度提出了更高的要求。主要有：①收费问题，如办证收费、存包收费、图书逾期费、复印价格及小卖部价格问题；②进入阅览室时的各种限制，如不能带包入室，不能自携书刊、食品、茶水入室，不能自行在阅览室内复制资料等。读者认为种种不合理的管理办法、规章制度应及时修改、调整，与时俱进。比如允许读者携带手提电脑包进入，延长阅览室开放时间，一些非特藏阅览室如自修室、开架借阅室允许读者自带茶水进入，当天借的书可以当天还，还书时不必非要有借书证等。

图书馆服务环境的原因。图书馆的服务环境，包括阅览室的照明、空调的冷热、饮水设备、书车推动和桌椅移动的噪声、厕所异味、读者检索电脑故障、残疾人设施配备、广场停车、图书馆阅览室分布导示图、对读者手机铃声做禁声的提示标牌等。

二、图书馆读者意见处理流程

图书馆读者意见处理流程主要分受件、分件、解决处理、答复反馈、统计分析这5个环节。读者意见的处理主要围绕这5个环节展开。

图书馆读者意见主要来源于5个方面：读者到馆后当面所提意见、读者投入意见箱内的意见、读者向"馆长信箱"（设于图书馆网站上）提交的电子邮件、电话、书信、由各系部等转来的意见。办公室工作人员定期从设置于各阅览楼层的读者意见箱收集读者意见，并将电话记录、读者信件、馆长信箱内的读者意见等各种来源的意见进行归纳、整理。此外，图书馆还召开各类读者座谈会、发放调查表等形式收集读者意见。

分件环节。工作人员将上述意见分成4大类型：表扬类意见、投诉类意见、咨询类意见、建议类意见。根据意见内容，附上读者；意见处理单，分发到意见相关部门，由各相关部门直接处理。如果读者意见中的各条内容分别涉及多个部门，工作人员将意见转给分管领导，由分管领导对所属部门提出处理意见。

解决处理环节。由相关部门针对读者的意见进行核实，提出相应的处理意见和整改措施。如涉及规章制度方面的意见，由图书馆读者工作委员会讨论后提交馆部。如果意见内容须多部门协调，由分管领导协商后，馆部讨论决定。

答复反馈环节。原则上要求意见处理部门必须对留有联系方式的读者做答复、反馈，进行解释沟通。如部门未对留有联系方式的读者做反馈，有时由办公室工作人员对读者做反馈。

统计分析环节。各部门交回读者意见处理单后，办公室工作人员每月定期编制读者意见统计月报。全年结束后，编制读者意见统计年报，分别对每月、每年的读者意见进行统计分析，为馆领导决策提供依据。

三、读者意见处理原则

（一）换位思考肯定读者

读者不论以何种形式提出意见，向工作人员当面、通过电话或写成书面形式，接受读者意见的工作人员，尤其是窗口服务部门的工作人员，都应遵循换位思考的原则，从读者的角度出发，设身处地为读者考虑，热情接待，态度自然友善。切忌将提意见的读者看成对立面，对其爱答不理或急于推脱，从心理上排斥读者，抗拒读者。不管读者提的意见是否中肯，工作人员首先从态度上应肯定读者。

（二）认真倾听，耐心沟通

读者提出意见，尤其是当场提出意见，工作人员应将读者带离阅览室等现场，避免读者情绪激动而影响其他读者，或使其他读者误会，从而影响图书馆声誉。工作人员注意声音平和，认真倾听，表情自然，以使读者的激动情绪稳定下来。通过读者的讲述，了解事情的经过和读者的意图，既不附和读者的意见，也不急于表态。对读者的意见表示理解，并对工作中的疏漏表示歉意。在明确读者的意图和要求的前提下，做必要的解释说明，提出解决方案，尽可能将问题在小范围内解决。如果读者不满意当前的解决方案，记录下来，告知意见受理人姓名、电话（办公室专人负责处理读者意见的人员）。

（三）以礼服人，适当变通

有时读者的意见是对的，但鉴于图书馆目前的情况，不能立即采纳整改。即便如此，也要将情况向读者解释清楚，多数读者都会谅解。有时个别读者的要求与读者群体适用的规定发生矛盾，在不违反规章制度的范围内，向读者讲明规定和原则，适当变通。

四、建立健全读者意见处理长效机制

图书馆的读者意见处理工作，与图书馆读者服务密切相关。为了能更好地为读者服务，读者意见的处理还应该有更好的机制：受理机制、处理机制、检查回访机制。

受理机制：设立意见箱、读者投诉电话等多种意见流通渠道，设专门机构或岗位受理读者意见，对反映较多的意见及时通知部门和馆领导，对读者意见进行统计分析。

处理机制：对读者提意见不排斥也不反感，认真处理，积极整改。窗口服务部门和内部业务部门团结协作，窗口服务部门工作人员及时将读者的意见转达给内部业务部门。

内部业务部门加强质量管理，结合实际及时调整。

检查回访机制：不定期检查部门工作，将读者意见的落实列入部门考核范围，回访读者，向其征求意见，设立专栏将典型意见向群体读者反馈。

图书馆读者服务工作的管理相对较复杂，需要运用不同的策略和全新的服务理念来予以实现。读者向图书馆提出意见，建议也好，投诉也好，都是出于对图书馆的信任，相信图书馆有解决问题的诚意和能力。读者提出意见，使图书馆发现管理上的疏漏，读者工作中的不足，业务工作中的薄弱环节，这些意见，是图书馆所忽视的。正是读者的意见，使图书馆各种规章制度、各项工作有了检验的标准。在图书馆读者服务：工作中必须以积极的姿态解决读者的种种问题，想读者之所想，急读者之所急，才能增加读者的信任度，吸引读者前来利用图书馆。也只有建立健全图书馆读者服务中读者意见处理机制，才能使图书馆读者服务系统更加完善。

参考文献

[1] 吴蓉.公共图书馆管理与服务创新路径探索［J］.爱情婚姻家庭，2022，（26）：181-183.

[2] 安相芹.网络环境下公共图书馆图书管理的创新研究［J］.采写编，2022，（3）：191-192.

[3] 赵宏.公共图书馆管理与服务创新路径探索［J］.美化生活，2022，（2）：196-198.

[4] 宋宪晴.全民阅读时代下公共图书馆管理创新的路径研究［J］.中文科技期刊数据库（全文版）图书情报，2022，（8）：40-43.

[5] 张帆.公共图书馆参考咨询服务现状及发展趋势探究［J］.图书馆学刊，2021，43（7）：64-70.

[6] 常虹.公共图书馆管理与服务创新路径探索［J］.中文科技期刊数据库（全文版）社会科学，2022，（7）：3-11.

[7] 谢飞.智能环境下省级公共图书馆管理与服务创新研究［J］.图书馆学刊，2022，44（7）：45-48.

[8] 苏允雅.公共图书馆的服务管理创新实践探索［J］.中文科技期刊数据库（全文版）社会科学，2023，（1）：3-7.

[9] 颜蓉.新时代地方公共图书馆管理服务创新思考研究［J］.中文科技期刊数据库（全文版）图书情报，2022，（11）：110-113.

[10] 邢文芳.新媒体时代公共图书馆档案管理服务的创新简析［J］.知识经济，2022，（15）：111-113.

[11] 张紫晗.分析大数据时代公共图书馆图书管理的创新策略［J］.世纪之星——高中版，2022，（23）：3-8.

[12] 张祥红.信息化时代公共图书馆管理模式创新［J］.美化生活，2022，

(4)：130-132.

[13] 冉玉鑫.公共图书馆社区信息服务调查与创新策略研究[J].图书情报导刊，2021，6（7）：1-7.

[14] 许丽霞.大数据时代公共图书馆图书管理的创新路径分析[J].时代人物，2022，（21）：3-11.

[15] 宋宪晴.人本管理思想在公共图书馆管理创新中的应用价值分析[J].中文科技期刊数据库（全文版）社会科学，2022，（6）：255-258.

[16] 夏亮.公共图书馆创新服务模式探究[J].河南图书馆学刊，2022，42（7）：3-5.

[17] 王安君.阅读推广视域下公共图书馆儿童读书会的发展策略[J].四川图书馆学报，2023，（3）：29-35.

[18] 孙安玲.大数据时代公共图书馆图书管理的创新路径[J].科技资讯，2022，20（7）：3-6.

[19] 孙晓燕.试论新时期如何创新公共图书馆档案管理服务[J].中文科技期刊数据库（全文版）社会科学，2022，（11）：3-11.

[20] 李忠兴.探讨大数据时代公共图书馆图书管理的创新路径[J].中文科技期刊数据库（全文版）社会科学，2022，（3）：3-4.

[21] 韦杰.新媒体时代公共图书馆档案管理服务的创新[J].城市情报，2022，（20）：3-11.

[22] 于红.管理者环境认知对公共图书馆创新型服务的影响作用探析[J].中文科技期刊数据库（全文版）社会科学，2022，（6）：3-7.

[23] 刘亚旭.网络环境下公共图书馆图书编目工作方法的创新方案[J].中文科技期刊数据库（全文版）图书情报，2023，（3）：4-12.

[24] 黄就.公共图书馆的读者服务工作创新研究[J].江苏科技信息，2022，39（10）：29-31.

[25] 王先飞.网络环境下公共图书馆读者服务工作的创新[J].计算机应用文摘，2022，38（13）：103-105.

[26] 宋丽娟，余泳泽.书香四溢：城市公共图书馆建设与创新知识溢出[J].当代财经，2023，（3）：12-17.

[27] 李鸿雁.新时代背景下公共图书馆阅读推广的发展与创新策略[J].兰台内外，2022，（16）：3-11.

[28] 周业兴.公共图书馆信息化建设与创新服务策略[J].移动信息，2023，45（3）：3-9.

[29] 刘海燕.碎片化阅读时代公共图书馆的坚守与创新[J].中文科技期刊

数据库（全文版）图书情报，2022，（4）：4-7.

［30］郭瑞.新时代公共图书馆服务创新创业模式研究［J］.河南图书馆学刊，2023，43（3）：4.

［31］商丁元，张继革，张素萍.全民阅读视阈下公共图书馆管理与服务新机制构建与重塑探究［J］.甘肃科技，2022，38（18）：4-8.

［32］何泽，周思思，吴景裕.基于项目化管理的公共图书馆志愿者服务工作实践及优化路径研究——以温州市图书馆为例［J］.中文科技期刊数据库（全文版）图书情报，2022，（4）：5-9.

［33］赵婷.信息化背景下高校图书馆管理模式创新路径［J］.中文科技期刊数据库（全文版）社会科学，2022，（10）：3-6.

［34］李楠."双减"政策下公共图书馆开展馆校合作创新路径研究［J］.图书情报工作，2022，66（13）：252-311.

［35］郭晓岩.媒体融合背景下地方文献报纸管理与利用探究——以山西省图书馆为例［J］.当代图书馆，2022，（2）：5-9.

［36］熊建.公共图书馆安全管理试论［J］.科技创新导报，2022，19（9）：171-174.

［37］胡浩东."互联网+"背景下公共图书馆图书资料管理策略探讨［J］.知识经济，2022，（34）：57-59.

［38］李伟超，朱寅平，张晓楠，李经钰，李琴.我国公共图书馆事业及科技创新行为协同发展研究［J］.郑州航空工业管理学院学报，2022，40（5）：60-66.

［39］李奕珂.新媒体背景下公共图书馆读者服务的创新探究［J］.中文科技期刊数据库（全文版）社会科学，2023，（4）：4-11.

［40］丁琴娥.公共图书馆在文旅融合时代的创新服务［J］.旅游与摄影，2022，（20）：3-17.

［41］李辰.浅析公共图书馆在文旅融合新时代的创新与使命［J］.中文科技期刊数据库（全文版）社会科学，2023，（4）：4-6.

［42］聂金梅，王国强.挑战与发展：基层图书馆面对新冠肺炎疫情的服务创新——以山东省潍坊市图书馆为例［J］.中文科技期刊数据库（全文版）图书情报，2022，（2）：95-99.

［43］王莹.新冠肺炎疫情下高校图书与信息中心应急服务研究——以中国药科大学图书与信息中心为例［J］.江苏科技信息，2022，39（29）：4-8.

［44］张丽娜.大学图书馆管理工作改进与创新的几点思考［J］.中国科技投资，2023，（3）：3-15.

［45］宋丽娟，余泳泽.城市公共服务水平对技术创新的影响——以城市公共

图书馆为例［J］.产业组织评论，2022，（2）：21-31.

［46］申静，蔡文君.知识服务创新研究谱系：进展与前沿［J］.情报学进展，2022，（1）：42-49.

［47］何会.新时期高校图书馆管理工作创新［J］.中国科技期刊数据库科研，2022，（10）：4-13.

［48］王振君，陈维.图书馆流通管理工作创新研究［J］.文化产业，2022，（35）：112-114.

［49］宋嵩.我国公共图书馆专利影响力评估模型构建与实证［J］.山东图书馆学刊，2022，（1）：5-9.

［50］徐瑞娜.高校图书馆管理工作的创新路径分析［J］.兰台内外，2022，（25）：61-63.

［51］郭俊炜.以创新思维指导新世纪的图书馆管理工作［J］.包装世界，2022，（5）：3-11.

［52］李瑞欢，李树林，董晓鹏.公共图书馆工作实务［M］.北京：现代出版社，2018.

［53］傅春平.公共图书馆智慧服务的探索与实践国［M］.广州：世界图书出版广东有限公司，2020.

［54］沈俊.关于新时代公共图书馆管理工作的探讨［J］.传媒论坛，2021，4（15）：141-142.

［55］董波.新时期图书馆行政管理工作思考［J］.办公室业务，2020，（20）：20-71.

［56］张铭丽.大数据背景下的公共图书馆个性化信息服务模式创新［J］.中阿科技论坛（中英文），2021，（7）：120-122.

［57］李勇.新时代公共图书馆的新使命与新挑战国［M］.石家庄：河北人民出版社，2018.